猴 面 包 树

B O Y

HOW YOU CAN HELP YOUR SON

EXPRESS HIS EMOTIONS

男孩的情绪教养

T A L K

MARY POLCE-LYNCH

[美] 玛丽·波尔切-林奇 著　钟煜 译

上海三联书店

以爱之名

将本书

献给我的父母

埃斯特 ·B.波尔切

安东尼 ·H.波尔切

引言

请读者以及从事心理健康服务的相关人士务必了解，本书虽然讲述了许多故事、提到很多人名，但我始终遵守执业过程中与孩子及家庭的保密协议，使用案例时会进行合并和改编，避免透露参与者的真实身份信息。如有相似，纯属巧合。书中提到的研究参与者的信息，都是在获得许可的情况下刊载的。我还讲述了自己生活中的故事，虽然这些故事都是真的，但是为了尊重他人的隐私，我修改了一些可能透露身份的信息。

2001年，“9·11”悲剧发生一周后，我开始对这本书的最终版本进行勘校。但我很难专心读下去，不仅因为难以集中注意力，我还反复思考：在发生如此可怕的、足以改变许多人生活的事件之后，这本书的内容是否还有意义。后来，在我和许多心理学家到全国各地指导父母如何与孩子谈论恐怖袭击的过程中，我们不断表达的信息是：父母应该倾听孩子的想法和感受。这样的情况，以及在这场悲剧中目睹许多女性和男性公开表达自己情绪的经历，帮助我重新审视这本书。无论我们的生活中是否存在恐怖主义，或许正因为如此，情绪变得更加重要，更应该被倾听。儿童是我们未来的领袖和外交官，因此，让我们继续支持男孩的情绪发展——无论在战争时期还是和平年代。

推荐

你将要阅读的这本书提供了一些基本的实用工具，帮助男孩们了解他们自身一个神秘的部分：情绪和感受。不过，这本书所做的不只是告知，它更希望推动你对男孩的情绪发展有更细致的，甚至是与以往不同的思考。在此基础上，它会帮助你以更广阔的视角与男孩们沟通，倾听他们的心声。

如何做到这一点呢？本书作者玛丽 · 波尔切-林奇博士从发展心理学和心理治疗的角度，就如何养育健康的男孩为我们提供了独特且非常实用的观点。她将个性气质、社会交往、认知发展以及情绪技能联系在一起，告诉我们如何支持男孩从出生到青春期的情绪发展。她还帮助我们了解文化习俗对男孩的影响，这决定了他们是否愿意向我们倾诉——甚至是否能感知到——自己的情绪。

有一种普遍但错误的认识——支持男孩的情绪表达会削弱他们的男子气概。这种看法大错特错。本书让我们有理由挑战这种非此即彼的观念，战胜这类恐惧。比如，男孩如果不表现出大男子气概，就一定是个窝囊废。男孩完全可以既强大又敏感，既擅长表达情绪，又非常有逻辑性……男孩一定可以呈现这样的面貌。

这本书不仅为我们提供了许多实用工具，最重要的是，它让我们得以与男孩讨论他们的感受。如果你想为男孩提供情感支持，这本书会成为你的指引。无论你对“男子气概”持怎样的观点，都会从《男孩的情绪教养》中获得实用的智慧，它对养育我们的儿子至关重要。

迈克尔·古里安
2001年10月8日

译者序

养育内心丰富，情绪敏锐的男孩

不久前，我读到一本绘本，叫作《男孩可以哭吗？》。

故事是这样开始的——

今天是小男孩李维去新学校的第一天，他很担心。

爸爸不知道该怎么安慰他。

他对李维说：“大男孩，不要哭。”

李维没有哭。

这个普普通通的开头，是大部分人都熟悉的场景。

“男孩不要哭！”这句话我们再熟悉不过了。

爸爸妈妈对儿子这样说，老师和其他大人对男孩这样说，男人们也对自己这样说。

事实上，侧耳细听，你会听见整个世界一直在对男性这样说——

不要哭。

“不要哭”的背后，是社会文化对男性的定义与期待：要勇敢，要坚强，以及，要壮硕有力，要肩扛重任，要拯救世界。

“不要哭”的背后，也隐藏着男性自己巨大的担心——一滴眼泪会模糊掉身边所有人对自己的期望，甚至会被驱赶出男性阵营。因为，哭，太不像个男人。

这些观念，你认同吗？

你也曾对自己的儿子这样要求吗？

心理学家玛丽·波尔切-林奇博士显然不认同这些观念。结合专业知识以及多年的临床经验，她认为："如果男孩们不能表达自己的需求，不能透彻地理解自身的独特性，如果他们无法与他人联结，他们的思想与情绪无法整合，那么，他们的生活会变成什么样？假如上述假设全部成立，男孩就会被扭曲为自满，从不求助的人。他们会对自己的基本身份和能力产生怀疑与恐惧。他们会感到孤独，只能对生活中的部分事件（那些不需要情绪的部分）做出回应。"

事实上，忽视男孩的情绪，抑制男孩的情感表达，这种弥漫在整个社会中的刻板对待男性的方式已经造成了巨大的伤害——无论对男性，还是对女性。

首先，从我们自己的日常经验来看，女性对男性最多的怨言是什么？

是——他完全不明白我的感受！

心理咨询师们也证实了这一点，他们说：我们在心理治疗过程中听到的女性对男性最多的怨言，就是男人总是漠视别人的感受，看不到别人的情感需求。许多男性也同意这个结论，他们不太愿意接近那些情感丰富的人或事。

那么，男性自己又怎么说？

“我最早的记忆是父亲带我去母亲的地下室，抬起手来教我打刺拳和直拳。就是在那里，他对我说：‘你得像个男人！止住眼泪，压抑情感。在这个世界上，你如果想做个男人，就得学会如何掌控他人，掌控环境。’这是我巨大羞耻感的来源。我流着眼泪离开地下室，认定了自己不够男人。”

这段独白来自纪录片《面具之内》(*the mask you live in*)。这部纪录片是著名橄榄球运动员乔伊·厄尔曼的童年回忆。观众很难将照片中壮硕的形象与这样的痛苦回忆联系起来。但厄尔曼说：“橄榄球成为逃避之所。你可以躲在头盔后面，躲在人群的喧闹中。你必须呈现出这样的外表和人格，符合文化对‘男人’的定义。我觉得如果我能表现出超常的男子气概，我就能证明我是谁。我想我父亲一定会对此表示赞赏，会给我我一直渴望的爱与关注。”

孔武有力的橄榄球运动员，应该十分符合大众心目中“男人”的典型形象，但厄尔曼认为：“‘像个男人！’是美国文化中最消极的话语之一。”

虽有文化差异，但在中国，社会文化对“男人”的定义，以及我们在家庭和学校教育中对男孩的要求，与纪录片中呈现的状态非常相似。男孩从小就被教育“不许哭，要坚强”；他们被送去学武术或者跆拳道，被要求必须懂得“打回去”；影视作品和电子游戏中充斥着大量的硬汉形象，他们露出巨大的胸肌，赶着去拯救世界；“娘”和“女里女气”被视作对男性的最大蔑视……

男性和女性当然有先天的差异。但任何人类的行为，都是先天遗传与后天环境相互影响的结果。我们的文化有助于女孩的情感发展，却阻碍着男孩的情感发展。“男子汉要坚强”的传统观念否定了男孩的情感，剥夺了他们在情感上全面发展的机会。由此造成的后果就是——男性情绪感知能力和表达能力的缺乏不仅仅在婚姻中，还会在职场上制造麻烦。事实上，在从男孩到男人的整个成长过程中，这种对情感认知的缺失给男孩自身造成了巨大的痛苦，也使他们面临重重危机。

男孩需要帮助!

社会、学校、家庭、父母都需要努力为男孩提供充分的情感支持和正确的情绪教育。

从这个角度看，玛丽 · 波尔切-林奇博士的这本著作《男孩的情绪教养》有非常重要的价值。林奇博士认为，男孩完全可以既拥有男子气概，又不失去情绪体验。这本书从发展心理学和心理治疗的角度，就如何养育健康的男孩为我们提供了独特且非常实用的观点。

林奇博士将个性气质、社会交往、认知发展以及情绪技能联系在一起，告诉我们如何支持男孩从出生到青春期的情感发展。她还帮助我们了解文化习俗对男孩的影响，这些习俗往往决定了男孩是否愿意向我们倾诉，甚至能否感知到自己的情绪。

这本书关注男孩情感发展的方方面面，这本书不仅仅是告知，它更希望推动读者对男孩的情绪发展有更仔细的，甚至是与以往不同的思考。在此基础上，它会帮助读者从更广阔的视角去与男孩们沟通，倾听他们的心声。

本书为我们提供了许多实用工具，最重要的是，它让我们得以与男孩讨论他们的感受。如果你想为男孩提供情感支持，这本书会成为你的指引。

最后，我还想讲完开头的那个绘本故事。

男孩李维惴惴不安地告别爸爸，走出家门。在去往学校的路上，他路过港口，看见渔夫出海前与家人道别时流下不舍的泪；他路过街角，看见诗人在朗诵诗歌，观众流下感动的泪；他继续走，看见彪悍的摩托车手因为心爱的猫咪走失了而流泪，看见年轻的男子因为求婚成功而流泪……他看到悲伤的眼泪，欢喜的眼泪，激动的眼泪，悔恨的眼泪……

在新学校的第一天结束后，李维回到家，看见爸爸在默默流泪。

“爸爸，你怎么哭了？”

“今天是你在新学校的第一天，”爸爸回答，“我很担心你。”

李维紧紧抱住爸爸，说：“大男孩也可以哭。”

新学期的第一天，李维学到人生中非常重要的一课。

我也希望，读完这本书的你，会帮助你生活中的男孩了解——丰富的情感，是我们生命中最宝贵的东西。

钟煜

前言

这本书的前面几个章节为我们讨论男孩的情绪提供了重要的背景资料。这部分内容非常全面，有些读起来有点艰涩，却是十分必要的。男孩的情绪非常复杂，它不仅仅是感觉或生理反应，也不仅仅存在于他们的头脑中。此外，某些具体的文化规则限制了男孩的感知和情绪表达。我把这些规则称作“兄弟规则”，它们是对健康男子气概的曲解，甚至会导致男孩情绪的“消失”。

第1～3章的内容比较全面，其余的章节则提供了具体措施，帮助你对男孩抗拒情绪感知的情况进行干预和治疗。在文化层面，对男孩情绪的抗拒已经持续了几个世纪，因此，我认为必须从大环境的角度讨论这个问题。不了解大环境，就像堵漏洞却不寻找泄漏的源头。对“男孩抗拒情绪表达”这个问题，我不会从历史或者生物学的角度分析，但我会从心理教育的层面提供尽量多的信息，以帮助你思考为什么男孩的情绪很重要，以及这种重要性表现在哪些方面。

如果你对本书中的某个章节更感兴趣，完全可以先阅读这部分内容。书中每个章节都相对独立，因此不一定要按顺序阅读。不过，我还是建议你一定要抽时间读完1～3章，因为它们从生物学、社会化的角度，对男孩情绪发展进行了简明概述，并且很容易读懂。

为了强调男孩情绪的重要性，第1章从“为什么男孩的情绪很重要”这个话题开始，试图解开束缚男孩情绪的“紧身衣”。我拉动影响男孩情绪的“丝线”，其中很重要的一根是情绪的生理机制。这部分内容专业性很强，明确地为男孩情绪的存在提供了正当理由；另一根重要的线是社会对男孩情绪表达的抗拒，这种倾向在主流文化中十分常见。

第2章和第3章的核心内容有所变化，但有一个主题是重合的：社会化过程对男孩情绪表达方式的影响。社会化的主要部分存在于“兄弟规则”之中，许多男孩遵从这些限制行为的规则，是为了成为“真正”的男子汉。虽然对这些规则的忠诚可能是有意识的选择，也可能是无意识的，但结果都一样：让男孩们忽视自己的情绪感受，以符合一种对男子气概的不健康的、扭曲的认知（比如，认为自信的男孩就永远不会害怕）。在第2章“男孩的社会化：兄弟规则”中，我详细描述了这个过程：为了符合僵化的文化期待，男孩努力（并且有时候能成功地）让自己的情绪“消失”。

第3章“男孩的成长与情绪发展”的核心内容是男孩从出生到青春期的情绪发展过程，尤其是个性气质的发展。不管你关心的是哪个年龄段，这个章节你都应该从头读，因为这一章的内容是相互联系的。如果只读某一个年龄段，你将无法获得全面的信息。过去和将来密切相关，你必须将所有年龄段串起来，才能了解全局，才能更好地理解男孩的情绪发展，并为他们提供支持。从很多方面来看，第3章都可以被视作本书的基石。因为我详述了男孩从出生到成年早期的情绪发展过程。这个章节会帮助你看到男孩的情绪从哪里来，将要朝哪个方向发展。

虽然我们无法“看到”男孩内心的感受，但可以观察他们外在的情绪表达。第4章“男孩与情绪表达”分别描述了健康的和不健康的情绪表达方式，以及它们产生的结果。这一章通过最新的研究结果展现了男孩限制自己情绪表达的模式，同时也摘录了就男孩情绪这一话题对成年人所做的调查和访谈中的一些内容。这些研究结果为我们提供了看待男孩情绪表达的视角，同时也能为如何改变这一模式提供一些线索。

第5章“男孩的同理心：情绪健康的标志”是必读的章节。感知自己情绪和他人情绪的能力被称为同理心，这种能力是发展健康人际关系的关键所在，也是人与

“怪兽”和机器的区别。缺乏同理心的引导，男孩就无法在与自我和他人的关系中找到合适的位置。我认为一个人要先能同理自己，然后才能同理他人。我在这一章节中详细讨论了同理心的发展，以及男孩的同理心是如何被“掐灭”的。这一章还提供了（也许是最重要的内容）帮助男孩发展同理心的方法。

第6章“男孩与愤怒”一开始就提出一个反问：“男孩的愤怒一定会发展为攻击吗？”我认为真实的答案是：“是的，如果当下的社会规则不改变，男孩的愤怒终将发展为攻击。”在这一章里，我展示了一种模型，帮助大家理解男孩在人际交往中的愤怒，以及因恐惧（一种男孩不被允许拥有的情绪）而产生的攻击性。我把这个模型叫作“恐惧—愤怒—攻击”循环，将它绘制成图形，做出详细的讨论，这个模型将男孩的恐惧和愤怒与清晰、有意识思考的重要性联系到一起。实际上，这样的思考可以打破人际交往中的暴力循环，使男孩能够主动选择管理愤怒，而不是想方设法让愤怒消失或将其转化为暴力。

第7章和第8章的内容是：我们都能帮助男孩做出改变。在第7章中，我专门讨论了在家庭内部，家长们能为孩子的情绪发展做些什么。我提供了一些建议，帮助家庭成为男孩的安全港，让他们可以感受和表达自己的情绪。这一章节中有针对日常生活的具体建议：在家、在学校、和朋友在一起时，该怎么做才有助于维系男孩的情绪。在家庭中，家长的做法非常重要，因为家庭是孩子情绪发展的起源地。

第8章是关于影响男孩生活的其他成年人。家长们也应该读一读本章，因为它阐述了大环境如何支持（或者无法支持）男孩的情绪。这一章有很多不同的部分，分别针对男孩的养父母、教师、教练、祖父母、叔叔婶婶、治疗师、医生和导师。有很多实用的指南和建议，协助这些成年人帮助男孩的情绪健康发展。本章的重点是情绪表达，因为这是最有效的方式，让男孩了解——我的情绪很重要。这一章还提供了很多具体建议，有助于人们锻炼情绪表达的技能。比如，在健康的情绪表达方面做出表率，并帮助男孩在日常生活中不断练习。

本书的终极目标是让男孩既拥有男子气概，又不失去情绪体验。我希望你能与更多人探讨男孩的情绪。读这本书就是一次重要的探讨过程。

目·录

第一章

为什么男孩的情绪很重要?

/028

如果男孩们不能表达自己的需求，不能透彻地理解自身的独特性，如果他们无法与他人联结，如果他们的思想与情绪无法整合，那么，他们的生活会变成什么样?

第二章

男孩的社会化：兄弟规则

/066

在本章中，我描述了男孩内心的情绪生活，同时也揭示了文化对男孩心理需求的影响。我会讨论家庭内外的社会化以及这种社会化的结果对男孩的影响。

第三章

男孩的成长与情绪发展

/118

不管男孩气质如何（包括注意力持续时间、活跃程度、敏感度、情绪等），所有男孩都需要情绪技能。

第四章

男孩与情绪表达

/180

有了更广阔的视野来看待情绪价值，接下来的关键就是检查积极情绪（例如快乐和自豪）、消极情绪（例如悲伤、愤怒、恐惧）与男孩产生情绪的条件和行为之间的关系。

第五章

男孩的同理心：情绪健康的标志

/218

要知道另一个人的感受，你先得知道自己的感受。换句话说，要能同理他人，必须先能同理自身。从这个角度来看，许多男孩都很难同理他人。为什么？

第六章

男孩的愤怒：除了攻击行为，还有更好的方法吗？

/244

在将男性描绘成“强大的客体”的文化中，男孩和男人就会内化强大的形象。遗憾的是，当强大成为身份的定义时，就像美丽一样，它成为一把双刃剑。

第七章

给父母：家庭能做什么？

/284

我建议家长每天循序渐进地改变对男孩情绪的回应方式，而不是马上换用一整套全新的方式。我希望既尊重父母与儿子之间已有沟通模式，又能有一些拓展，让父母得以帮助男孩发展情绪技能。

第八章

写给男孩生命中其他成年人：支持男孩情绪发展的实用建议

/320

其他成年人在男孩生活中扮演着什么样的角色。这些成年人是谁，他们如何能为男孩的情绪发展做出贡献？

致谢

/354

相关资源

/360

参考书目

/362

第一章

为什么男孩的情绪很重要?

情绪不会让男孩变得女性化，
而是让男孩变得人性化，
让他们能更好地与自己和他人联结。

——约翰·林奇《面具之下的痛苦》(John Lynch, *The Pain Behind the Mask*)

吉拉米是一个活泼的4岁男孩，他总是打自己出生不久的妹妹。后来他学会了这样表达——“我很生气，因为妈妈现在不能陪我玩。”仅仅过了两天，他的攻击行为就减少了一半。吉拉米的父母非常惊讶，他们过去一直在教育他不要打妹妹，但完全没用。同样，12岁的迈克尔终于向父母袒露心声，告诉他们自己被小女朋友甩了，他非常难过。这时他的坏脾气立刻就消失了。他的父母还注意到，在谈论了自己的感受之后，迈克尔的面部肌肉看起来和以前不一样了，放松了许多。

人在任何年龄都可以学习识别和表达情绪。幼儿用行为表达感受是因为他们还没有习得语言技能。但即使是两岁的孩子也能使用情绪语言来代替行为——只要他学过这些语言。吉拉米和迈克尔最开始都是用行为表达感受，但这种情况没有持续太久，因为父母听到了他们的心声并做出了回应。男孩就是从这样的生活经历中，日复一日地不断学习认识自己的情绪。教会吉拉米如何表达情绪，倾听迈克尔的心声，这些看起来很小的事具有重要且积极的意义。

如果情绪不能通过有意识的语言来表达，它们就会寻求行为或者身体的表达方式。事实上，头痛或消化系统问题（肚子痛）在儿童和青少年中非常普遍。心理和身体的这种关联方式在行为医学中已经受到越来越多的关注。因此，本章的主要内容就是关于“大脑—情绪—身体”之间生理学关系的讨论。

特伦斯·瑞尔（Terrance Real）在1999年曾经向一位非洲长者请教：什么样的人算得上好人？这位长者回答说：一个好人该哭的时候会哭，该笑的时候会笑，并且在需要的时候懂得保护自己。这个观点与我们文化中那些限制男孩和男人情绪的看法完全不同，它对男子气概持有更广博的态度，尽管美国的文化可能比其他文化更强调情绪表达，但男孩的情绪价值仍然不像女孩的那样得到重视。你得先理解这种对男孩情绪的抗拒，才能更好地向男孩传授识别和表达情绪的技巧。在专门讨论男孩情绪之前，我们先要从人类整体经验的角度认识情绪的重要作用。

情绪的作用

有史料记载以来人类就有情绪，并以各种方式表达情绪。这种说法准确但并不足够。研究者和临床工作者还在继续研究确认：当情绪被忽略时会发生什么，以及有什么工具和方法能够帮助我们有效地应对情绪问题？如果对情绪的作用缺乏清晰的认知，人们就很容易抗拒情绪。这种抗拒在我们的文化中表现为对男孩情绪隐匿的忽视和公开的否认。

仔细想想，为什么人人都有情绪？情绪有什么作用？一种答案是：情绪的存在是为人类的生存和繁衍服务的。以这个重大目的为出发点，我认为情绪的存在至少有四个目的，包含了表达需求、确认身份、形成联结与帮助思考。

◎情绪能表达需求

婴儿如果不能通过哭来表达悲伤就会挨饿。他们天生具备识别和回应人类面部表情的能力，因此他们也需要安慰。

随着孩子的长大，需求也在增加。他们的情绪会不断地表达需求，这个过程将持续一生。

◎情绪让我们成为自己

情绪是生活经历的一部分，创造了每个人的独特性。每个人都有自己独特的体验。我们通过“看”来认识他人，通过“感受”来了解自己。这些感受确立了我们各自独特的身份。

◎情绪让人们互相交流，彼此联结

因为有情绪，我们才知道自己并不孤单（或者无人相伴）。每个人都会分享自己的经历，虽然有些体验完全是内在的，但情绪让我们相互间有更多联结，让生活更有意义。

◎情绪与思想密不可分

有的理论家认为，思想不可能离开相应的情绪而独立存在。这种强大的团队合作有很多功能，比如，情绪能帮助（或干扰）记忆以及提高其他认知能力，而这些能力又能帮助我们调节情绪。

从男孩到男人

如果男孩们不能表达自己的需求，不能透彻地理解自身的独特性，如果他们无法与他人联结，他们的思想与情绪无法整合，那么，他们的生活会变成什么样？假如上述假设全部成立，男孩就会被扭曲为自满、从不求助的人。他们会对自己的基本身份和能力产生怀疑与恐惧。他们会感到孤独，只能对生活中的部分事件（那些不需要情绪的部分）做出回应。

事实上，很多研究男性的作家认为，许多男孩就是这样长大成人的。[1]男人发现自己与他人关系疏离，无法识别和表达情绪，而且常常无法完全理解自己的思想与感受之间的联系。这些问题不仅和男子气概本身有关，还和与男子气概相关的很多特质（比如力量、独立性、竞争性、冷漠等）有关。我们的文化中对男子气概的定义还对其性别角色及行为造成其他影响，比如，要成为运动健将或者承担养家糊口的责任。这样的男子气概对男孩以及对更大的社会环境而言都很有价值。

对男子气概的认知出现了一些扭曲的观点，其中之一就是“强壮”与“不能谈论感情”被错误地联系在一起，并且被错误地与男子气概联系在一起。我不认为这是男子气概本身的错。这是一种把男子气概极端化的认知。我们对男子气概的看法，以及与之相关的规则十分死板，这种情况在男孩身上非常普遍。简单来说，女孩可以既阳刚又柔美，但男孩只能阳刚。为了融入和被接纳，男孩只能迎合这些刻板的规则，因此很多人失去了自由体验和表达丰富的情绪和美德（比如滋养、脆弱、相互依靠、感动）的机会。最终的结果就是男孩在成长为男人的过程中失去了很多人性。

1 Kimmel 1987, Levant 1995, Lynch and Kilmartin 1999.

对男孩情绪的抵触：恐惧背后

对男孩情绪的抵触随处可见，影响着我们每个人。无论何时，只要我提起这本书的主题，就会看到家长、同事、女孩……流露出不安。唯一没有显得不安的是男孩，他们反倒好像松了口气。抵触情绪最强烈的是男孩的家长。在他们看来，好像把“男孩”和“情绪”放在一起是不合适的，或者是违反某种规则的。

起初，这种抵触让我非常惊讶。不过，考虑到文化规则中对“男孩应该如何应对情绪”的要求，我就理解了。通过与男孩的家长沟通，我了解到男孩的情绪对父母而言意味着什么。家长的抵触来源于恐惧——表露情绪会给自己的儿子带来什么后果？家长们想保护孩子，让他们不会因为“不够有男人味”而被排挤、嘲笑，或遭受任何形式的虐待。人人都知道，“不够男人”（这里指的是最狭义地对男子气概的定义）的男孩在群体中总是处于最底层。这些男孩的身心很容易受到伤害。

毫无疑问，“男子气概”由文化定义。在美国，文化规则在情绪表达方面对男孩比对女孩有更多限制。这种文化无疑会将“不表露情绪”与“做个男人”联系在一起。因此，尽管家长的初衷是为了保护自己的儿子不被其他男孩嘲笑，但这个积极的意图却导致了不幸的后果：家长对男孩情绪的抵触推动了整个文化中抵触男孩情绪的循环。接下来的几个故事就说明了抵触男孩情绪的循环（即使出于父母善意的保护）对男孩们有怎样的负面影响。

▶杰瑞米

山姆是一位聪明又健谈的父亲。他有两个儿子，史蒂文15岁，杰瑞米14岁。山姆明白能够表达情绪对男孩而言有多么重要。但在养育儿子的过程中，他不自觉地启动了一种模式：要保护杰瑞米不受排挤，而不是保护他的情绪表达能力。山姆解释说，他是“有意识地选择了尊重杰瑞米的个性”。大儿子史蒂文非常敏感，表达感受对他来说不是什么难事，但是杰瑞米却很少流露出积极或消极的情绪。不仅如此，杰瑞米还在学前班结交了一些行为粗野的男孩，并与他们交往密切。这些孩子也从不表达情绪。这个“男孩帮”一直到中学还存在。

我认真听着山姆的回忆，他说杰瑞米在学前班就不再与父母吻别了。山姆和妻子泰瑞嫉妒地看着小女孩们毫无顾忌地与爸爸妈妈亲吻告别，但小男孩们却不肯这么做。他们的儿子就喜欢打打闹闹，绝不肯与他们亲吻和拥抱，“男孩帮”的其他人也一样。山姆和泰瑞没有坚持要求杰瑞米与他们亲吻告别，而是更想尊重儿子不愿意在公众场合表露情绪的需求。因为“男孩帮”不接受这类行为，所以从学前班的那个秋季开始，所有在公众场合表露情绪的信号都消失了。不幸的是，杰瑞米在家里的情绪交流也越来越少了。

放弃通过身体语言向杰瑞米表达感情，这对山姆和泰瑞来说是一种牺牲。因为他们都是热情且肢体语言非常丰富的人。他们很享受与“敏感”的大儿子拥抱，大儿子也很喜欢通过肢体表达情绪。至于杰瑞米和他的朋友们，爸爸妈妈的解释是：他们的性格不同。这种说法在某种程度上是对的，但性格不同并不意味着这些男孩的情绪不重要，而是意味着他们更难以表达情绪。

讨论过程中，我拼命在想：一个4岁的孩子面对自己深爱的父母，不能自如地表达情绪，这是一种什么感受？当我说出这个想法时，我们都陷入了沉默。后来山姆先开了口，他说，他们之前考虑的是要尊重儿子的边界感。强迫当时4岁的孩子与自己亲吻告别，在他们看来不仅困难而且是不应该的。没错，尊重边界感对心理的健康发展非常重要，但感知和表达情绪的能力同样重要。我们似乎同时意识到：山姆和泰瑞做了大多数父母都会做的事。他们不愿意鼓励儿子表达情绪，是因为他们担心这样做会导致儿子的行为不符合“男孩帮”的规则。

▶米凯拉

山姆的邻居米凯拉的父母分享了一个相似的故事，但结局完全不同。

米凯拉4岁的时候，无论在幼儿园还是在家，她都拒绝与爸爸妈妈拥抱。在爸爸妈妈眼里，那时候的女儿就是个粗鲁的小孩，绝不肯拥抱他人，也不愿意被拥抱。像山姆和泰瑞一样，这对父母也很尊重米凯拉的边界感，没有强迫她表达情绪。但是到了8岁，她可以自如地拥抱和亲吻爸爸妈妈，并且一直到中学都是这样。是什么造成了这样的差别？

是什么因素让孩子变得善于或者不善于表达情绪

我们无法确认人类的个性或行为习惯是由哪一个或哪几个因素造成的，但发展心理学还是能为我们提供一些线索的。下面这些理论可能有些抽象，但我认为它们可以指引我们理解男孩的情绪发展道路。

从发展的角度

发展心理学的一个普遍原则是“持续与改变”，即有的特征与行为会持续一生，有的则会发生改变。将交互理论（the transactional theory）[1]和基因类型—环境理论（the genotype-environment theory）[2]的观点综合起来看，就是随着儿童的发展变化，环境也在改变。因此，儿童始终在与环境相互影响，就像跳双人舞一样。儿童的发展（认知、情绪、个性等）会引起环境（父母、家庭、同伴，学校等）的特定反应，而环境反过来又会对儿童的发展做出相应的反应，并产生影响。不仅如此，儿童会再影响环境。这个过程会反复持续下去。这个交互的过程发生在特定的文化背景下，既塑造了环境，又影响了儿童的反应。这一切看起来虽然非常复杂，但我认为它给我们带来了希望：儿童与环境持续不断地发展，共同变化。

▶理论应用

现在，我们把这个抽象的理论应用在米凯拉和杰瑞

1 Samerof and Chandler, 1975.

2 Scarr and Mccartney, 1983.

米身上。米凯拉固执地拒绝表露情绪时，她父母（也是环境的一部分）的回应是温和的。他们没有强迫她。因此，她继续对他们封闭感情。但是，与山姆和泰瑞对杰瑞米的态度不同，米凯拉的父母既没有停止向女儿表达感情，也没有强迫女儿拥抱他们。在幼儿园阶段，以及米凯拉上小学以后，每天晚上他们都会把拥抱和亲吻“吹”给她。他们还会为彼此取特殊的名字，以表达爱意。家庭环境给予米凯拉的回应既尊重了她不愿意被触摸或被亲吻的意愿，同时又持续促进了她的情绪表达。

米凯拉和杰瑞米都讨厌情绪表达，但最终的结果却截然不同。最初，可能是性格或感觉统合的能力导致他们不喜欢通过身体感受情绪。我们无法确定到底是他们身体的哪个因素导致了最初的抗拒，也不确定父母和同龄人的回应方式是否造成了他们长大一些后情绪行为模式不同。

唯一确定的是，米凯拉最终可以向父母表达情绪，但杰瑞米却不能。假如米凯拉的父母认为“她不是这样的人”而没有持续向她表达爱意，她的行为或许就不会改变，她可能也会是个像杰瑞米那样冷漠的人。然而，如果情绪发展是（确实是）一个持续一生的过程，那么我们还有无数机会，可以通过改变家庭环境来帮助像杰瑞米这样的孩子学会识别和表达他们的情绪。

直面恐惧

对比米凯拉和杰瑞米的情况，父母们的意图清晰可见。社会文化对男孩和女孩如何表达情绪有不同的要求，在这个大背景下，家长所做的都是他们认为对孩子最有益的事。社会文化制造了恐惧，为父母施加了越来越大的压力，让他们认为必须保护男孩，不能让男孩被看作“情绪敏感”的人。做一个爱哭的儿子，会为男孩带来危险，会让父母觉得尴尬。但女孩父母的感受却不一样。在这方面，米凯拉的父母比杰瑞米的父母得到了更多的文化认同，因此在孩子的童年时期，他们一直在积极培养女儿的情绪表达能力。

哪个孩子将拥有更丰富（甚至可以说更健康）的人生体验呢？答案不言自明。同样清晰可见的，是父母抵触儿子情绪表达时掩藏的恐惧。那些试图让自己敏感的孩子变得更“坚强”的父母，那些认为自己的儿子生性粗犷并听之任之的父母，我毫不怀疑他们都是好父母，因为他们的出发点都是好的。但我也认为，正是这种恐惧让父母忽视了儿子情绪表达的重要性。

▶望远镜视角

有些父母的恐惧可能来自他们的“望远镜视角”。我用这个词来描述这样一种家长：他们看着的虽然是眼前的男孩，但“看见”的却是他们未来的样子。比如，一个3岁的小男孩可能常常哭，他的父母就担心他上中学后会变成个“爱哭鬼”。“望远镜视角”让父母看不到孩子当下的样子（一个只有3岁的脆弱的孩子），不能对他做出符合年龄情况的回应，而是一心只想让他变得更强硬。如果家长能放下手中的“望远镜”，他们就会看到，对一个哭泣的3岁男孩来说，最符合他发展阶段的回应方式是先去安慰他，然后教他如何安慰自己（这一点对养育情绪健康的女孩也很重要）。有很多家长想尽办法让他们的儿子变得坚强，就是因为害怕他们长大后会“太情绪化”或者爱哭。

“望远镜视角”对孩子们很不公平。无论是谁，现在的行为模式与3岁时相比肯定大不一样。“望远镜视角”制造的恐惧并非来自理性。哪个父母不熟悉男孩因表露情绪（尤其是脆弱和温柔的情绪）而遭受的文化惩罚和排挤呢？父母的恐惧其实扎根于一种普遍的，且不断被强化的文化观念，即男孩的情绪往好了说是没必要的，往坏了说就是不应该被感知和表达的。这种观念与我将在本书中详细讨论的“兄弟规则”是一致的。

与“抵触”正面交锋

讨论父母对男孩情绪表达的抵触时，问题的核心不是到底米凯拉父母的作为与杰瑞米的父母有什么不同，从而导致了不同程度的情绪表达。真正的问题是：男孩的情绪重要吗？如果重要，那么家长以及其他相关的成年人就必须克服自己的恐惧，对男孩的情绪给予更多关注。这里所说的成年人包括父母、祖父母、教师、教练、朋友……包括我们每个人。

对男孩情绪表达的文化抵触让他们无法表达，甚至无法感受情绪。这种抵触必须得到正面解决，我们必须以反对这种文化来回应。我们要鼓励和帮助男孩感受、拥有和表达他们的情绪。此外，如果男孩的情感生活无人关注或指导，那么当面对不知如何表达的情绪时，他们就会通过不健康的方式来表达，如肚子痛、默默忍受，或者出现攻击行为。

我们如何，以及为什么会产生情绪

情绪的生理学机制对任何关于情绪的讨论都有很重要的作用。为什么？第一个理由是，生理学让无形的体验，如一种转瞬即逝的感觉，变得更加具体；另一个理由是，一旦理解了情绪的生理学机制，男孩的情绪就不容易因被认为无足轻重而被抹杀。事实上，人类的身体机能就是为了唤起和接受情绪而设计的。因为人类的身体天生就能感知情绪，而且男孩既有身体又有情绪，所以了解一些与情绪有关的复杂的生理学知识是很有用的。

这些概述的目的是向你介绍情绪行为的复杂性，而不是教授一堂全面的课程。当你具备了一些情绪的生理学知识时，就更容易理解为什么在男孩难过的时候很难跟他们讲道理，为什么帮助男孩表达悲伤对他们的身心健康很重要，为什么运动有助于调整情绪。

尽管我已尽力让下面的内容变得更容易读懂，但仍然会有很多专业用语。如果这些专业词语干扰了你的阅读，你完全可以跳过它们，甚至可以跳过整个章节，只读总结部分。

但在你跳过之前，请理解我加入关于情绪的“硬链接”的信息，是为了强调人类情绪的真实性。鉴于当下的文化压力让男孩无法感知和表达情绪，我认为需要有同样强大的反作用力。所以，接下来，让科学说话！

情绪的生理学

“情绪”这个词来自拉丁语，意思是“移动”。在生理学中，“情绪”一词指感受、生理反应，以及行为反应的模式。已经有大量的研究专著指出情绪在大脑以及整个身体中的具体来源（没错，情绪遍布你的身体！）。大部分人熟悉中枢神经系统（the central nervous system, CNS），却不一定知道遍布身体的二级神经系统[1]。二级神经系统由许多配体–受体回路组成。

“配体”是一种化学传导物质，主要由蛋白质组成，它能将信息传递给全身各个器官中的细胞。“受体”是这些细胞中的特殊空间，能接受配体传递的信息。绝大部分情绪信息都是通过这些配体–受体回路在身体的不同器官和系统中传递并交流的[2]。大量的情绪受体存在于我们的胃中。所以，压力会让孩子感到肚子痛，我们自己有时也

1 Pert and Chopra, 1997.

2 Pert and Chopra, 1997.

会“肠胃不舒服”。

很多有名的神经科学家[1]曾进行研究，想要绘制出人体中的某些情绪回路。到目前为止，我看过的关于“大脑—情绪—行为”之间关联的最有说服力的研究来自经历了脑部手术的患者。这些患者在医生用器械探查他们的大脑时是清醒的，之后他们描述了自己在手术刀下的感受。比如，一个患者说，当他前额叶的某个部分被触碰时，他感到愤怒或者恐惧。那么很有可能，大脑中被刺激的这个部分就是负责患者的这种情绪的。

用户手册：情绪是如何工作的

就目前所知，“大脑—情绪—行为”之间的关联类似电脑的运作方式。中枢神经系统和自主神经系统（autonomic nervous system, ANS）类似电脑的硬件。大脑的边缘系统类似电脑的中央处理系统。边缘系统由好几个脑结构组成，包括杏仁核、扣带回、丘脑、下丘脑及其之间的连接。系统被行为和唤醒激活，从而影响内分泌和自主神经系统。下面继续使用电脑的类比，我们的经历和行为就好像存入电脑

1 Damasio, 1994; LeDoux, 1992; 1996.

硬件中的软件，信息通过神经递质和激素回路传输出去，被遍布全身的各个站点接收。

杏仁核与愤怒和恐惧有关[1]，扣带回似乎同时负责积极和消极的情绪[2]，乐多克斯(LeDoux)的研究也认为前额叶皮质(大脑负责思考和推理的部分)和边缘系统与情绪有关。大脑的这些部分会接收来自环境的感觉信息(视觉、听觉、触觉、动觉、味觉)，然后做出情绪反应。因此，正如你所看到的，每个结构既有其特定的功能，也与大脑的其他结构有复杂的联系。

特定的“大脑—情绪—行为”回路：我们的感受从哪里来

前额叶皮质与边缘系统的连接是一个重要的界面。为什么？因为这里是思维与情绪相连的地方。大脑的连接方式使得男孩的理性思维能影响情绪的生理逻辑；反之亦然。简单地说，这个界面的存在能帮助男孩了解和调节他们的情绪。

自主神经系统是影响人类情绪的主要神经回路。它通过两个独立的系统工作：交感神经系统(The sympathetic nervous

---

1 Whalen, Shin, McInerney, Fischer, Wright and Rauch, 2001.

2 Damasio, 1994.

system, SNS）和副交感神经系统（parasympathetic nervous system PNS）。你有没有注意到，这两个词中都有“同情”（sympathy）这个与情绪有关的词？交感神经系统加快心率，提升血流速度和肌肉能量。在公共场合讲话，或者散步时被一只罗特韦尔犬追赶会让你感到害怕吗？你受到惊吓时的生理感受（口干舌燥、胃不舒服、心跳加速）都是由你的交感神经系统引发的。当你受到惊吓时，它会自动向你的身体发送化学信号，让它启动应激反应。这就形成了“恐惧”这种感觉或情绪。

副交感神经系统的作用与交感神经系统的完全相反。它降低心率、降低血压，舒缓紧张的胃部。你感到身体放松，是因为副交感神经系统被一系列复杂的化学信号激活。副交感神经系统似乎在“松弛反应”中发挥了重要作用，有助于减少长期压力对身体造成的副作用[1]。

除了自主神经系统和它的两个子系统，另一个调节人类情绪反应的重要系统是内分泌系统。内分泌腺分泌的激素经由血液、淋巴系统或者神经细胞被传送到目标器官。内分泌腺包括肾上腺、甲状腺、甲状旁腺、垂体、丘脑下部、松果体、胰腺、睾丸和卵巢。

1 Benson, 1975.

▶情绪在行动

现在，让我们看看在实际生活中，自主神经系统与内分泌系统是如何协同工作的。假设一个小男孩被人故意用棒球砸了脸，他的自主神经系统会马上发出“难过”的反应信号。他的心跳加速，血压升高。他的肾上腺会给肌肉输送更多能量，方便肌肉运动。如果他的身体系统都正常工作，那么我们熟悉的“战或逃”(fight or flight) 反应就会被激活。

被打到脸除了造成疼痛与惊讶，还引发体内那么多反应，难怪男孩会哭、会跑开，或者会反击。但是，当这些生理机制被激活时，他到底会做何回应，取决于他的性格，也与他所处的社会环境有关。有的男孩会有激烈的反应，有的不会。但无论是什么性格的男孩，他们年龄越大，就越倾向于隐藏自己的真实感受。

在这种情况下，当伤害或某种潜在的威胁激活了男孩的交感神经系统时，他需要得到安慰，才能放松下来。他需要安全的感觉以激活副交感神经系统。拥有获得安全感的能力有助于男孩调用产生“平静”的副交感神经系统。一旦建立了安全感，副交感神经系统就会降低他的心率和血压，与此同时，他的内分泌系统也不再大量分泌肾上腺素。要想帮助男孩学习如何打破常常自动启动的“恐惧—愤怒—攻击系统”(详见第6章)，激活副交感神经系统是关键的一环。

详细了解化学信使

詹姆斯-朗格理论(James-Lange theory)认为，边缘系统促成的生理反应让我们体验到情绪感受，并做出相应的行为[1]。单个细胞通过化学信使相互沟通和联系，构建了生理系统、大脑结构和行为反应之间的关系。化学信使有许多不同的类别，到目前为止，有两类被确认与情绪有关，它们是激素和神经递质。

如前所述，激素由内分泌腺分泌，通过血液输送给全身的受体(包括应激激素和性激素)。神经递质是大脑释放的化学物质，包括血清素、多巴胺、肾上腺素和乙酰胆碱。大脑中的受体能检测到这些化学信息。大脑中的这种化学活动似乎对情绪和感受起着重要作用。

此外，身体不同部位的细胞中也包含不同类型的受体。某些部位——胃、肩膀、背部和胸部——的细胞中

1 Carlson, 1992.

含有密度高于平均水平的情绪感受器。大脑边缘系统的其他区域，如海马体（与记忆相关）的细胞中有大量不同种类的受体，而杏仁核（与恐惧和愤怒相关联）则是携带种类较少，但密度更高的情绪感受器。有人预估，当你感受到情绪时，98%的信息来自身体各处，只有2%来自大脑的受体[1]。

信使传递哪种化学物质似乎取决于你从周围环境接收到什么信息，比如，某个特殊事件刺激了你的杏仁核，你会感受到愤怒或者恐惧；而另一个事件刺激了你的扣带回，你可能会感到幸福。可以确定的是，情绪是在一个由化学信使精心策划的复杂而微妙的网络中产生的。

当感受变得陌生："不能感知情绪"的生理机制

在了解了一些与情绪相关的"硬件"和"软件"之后，我们很有必要思考这样一个问题：那些关闭情绪感受的男孩，他们的身体发生了什么？关掉情绪开关会引发一些我们很熟悉的行为。许多男孩的声音浮现在我的脑海

1 Pert and Chopra, 1997.

中，尤其是在我刚开始给他们做咨询的时候他们说的，“我才不在乎”（给我看在学校被欺负造成的好几处青紫伤痕之后）；“对我没影响”（父母离婚后）；“这对我来说是好事”（回忆童年被继父打的时候）。

情绪的能量需要释放

在前面几个简短的例子中，男孩可能真的没有感受到恐惧或愤怒。如果某种情绪长期被忽视，我们就有可能感觉不到了。不过你现在已经知道了，环境会激活化学信使和神经回路，它们会在身体中引发一系列生理反应。这些生理反应产生的能量必须得到某种程度的释放——我认为其结果要么是发生行为问题，要么是出现身体方面的症状。

这种模式确实在本书中的很多男孩故事中得到了印证。男孩的情绪被自己和他人忽视，但最终会以某种方式，通过某种不健康的症状表达出来。

另一个重要的问题是：其他神经系统的情况如何？情绪信息被忽视，这对负责安抚情绪的副交感神经系统有什么影响？答案很简单：男孩关闭了自身非常重要的一部分。无论是上学还是运动，男孩自我调节情绪的能力对专注力和学习能力都有非常重要的作用，它对交往技能的重要性更是显而易见。男孩如果无法感知情绪，就很难激活自己的副交感神经系统，因此也就无法自我安慰。感知情绪的能力对所有人都十分有益，男孩也不例外。男孩要学会通过身体内部发出的信号调节情绪的生理反应。

打开—关上！男孩的情绪回路

如果情绪回路能帮我们感受情绪，如果一切运转正常，那么一个因父母离婚而悲伤或者害怕的男孩就应该能感受到自己的情绪。但是社会文化也会影响生理和思维。男孩学会了忽视情绪，也学会了让自己的“大脑—情绪—行为”系统“短路”。这可能会导致男孩误读自己的身体信号，从而发展出一种对“什么是正常状态”“什么是健康状态”的扭曲认知。比如，一次又一次无视自己悲伤的男孩，最终可能适应了这种生理状态。他们无法表达悲伤，无法恢复到正常（不再悲伤）状态，他们可能会持续悲伤，甚至可能陷入抑郁。恐惧和愤怒也会经历类似的过程。男孩如果不能学会在恐惧和愤怒时识别情绪，不知道如何以健康的方式表达这些情绪，那么他们的神经系统就会不断被刺激，从而给他们造成负面影响。

▶最基本的觉察就有帮助

调整情绪的前提是要对生理状态、情绪和想法有一定的觉察。如果男孩学会了关闭情绪感受，他们就无法让自己平静。这样的男孩往往表现为人们所说的“一点就着”，他们坐不住，或者攻击性很强。习惯了忽视自身情绪的男孩往往会出现注意力或行为问题，这主要因为他们没有学过如何自我调节情绪。

幸运的是，男孩可以学会调节情绪，这需要多系统共同运作。简单来说，思维与行为影响着大脑和身体的反应。认知解读（思想）是“大脑—情绪—行为”回路中非常重要的一部分，其中包括男孩要了解认识引发情绪的原因。比如，用理智引导愤怒可以让一个男孩学会对另一个男孩说：“你在午饭时嘲笑我，这让我很不舒服。下次别这么做了。”而不是用课本打对方的头。

▶反之亦然

本书后面的几个章节提供了具体的帮助男孩调整情绪的方法，避免他们被情绪控制。在此之前，了解“大环境”也很重要。大部分人都知道大脑影响行为，但很少有人思考过行为和经历也会影响大脑的工作方式及其对环境的回应。科学家们早就发现人在环境中的经历会影响大脑，但这个认识在大众中的传播却很缓慢，我不知道其中的原因是什么。但是毫无疑问，大脑与环境的联系是双向的（图1.1）。

大脑 ———————— 环境

（情绪与身体）　　　（行为与经历）

图1.1　大脑与环境的联系

这种双向联系对男孩的情绪非常重要。为什么？考虑到男孩从很小的时候就被教导如何隐藏自己的情绪，那么很有可能，这种隐藏情绪的行为方式对“大脑—情绪—行为”的回路产生了生理影响。简单地说，男孩有可能学会如何不去感受自己的情绪。一种被称为“述情障碍”的心理状态在男性中比在女性中更为普遍[1]。这说明成年男性已经被训练得很好了。他们不仅不再向别人诉说自己的情绪，也不再去感受情绪。他们失去了识别情绪的能力——哪怕是自己的情绪。

▶隐藏情绪的生理机制

所以，男孩的情绪和他们的身体器官一样真实存在。如果一个12岁的男孩遇到某种情况，比如棒球扔得太重，

1　Lynch and Kilmartin, 1999.

比如身体上的威胁、持续的嘲笑、愤怒的表情，或者在社交场合被排挤，他就会感到愤怒或者受到威胁，他的大脑会立刻联系胃中的受体，荷尔蒙和神经递质开始工作，加快细胞与细胞之间、器官与器官之间的交流。交感神经系统也参与进来，让他的肌肉紧绷，呼吸节奏改变。他的边缘系统、自主神经系统和内分泌系统的神经化学活动增加。他的“大脑—情绪—行为”回路被激活了。他的副交感神经系统已经警觉起来，随时准备作出反应，平息事态。

然而，这一系列活动在男孩的脸上却没有丝毫流露。如果你问这个男孩有什么感受，他可能会说“没有”。如果你问:“你没事吧？”他会回答:“没事。”他很可能不是在撒谎，他可能真的完全没有觉察到这些生理变化。这个结果，就是不重视男孩情绪造成的。

情绪技能

梅尔和萨洛维[1]合创了一个理解情绪技能的理论模

1 Mayer and Salovey, 1997.

型。他们确定了四个广义的技能类别，为我们提供了一张很有用的男孩所需的情绪技能地图。这四种技能如下：

（1）感知和表达情绪。

（2）整合情绪与思考。

（3）分析情绪。

（4）调节情绪。

感知和表达情绪

具备准确地识别和表达自己的情绪，识别他人的情绪以及感知艺术、文学、音乐等抽象形式中的情感的能力是很重要的。只有能从这些方面感知情绪，男孩才能让自己的情感完全打开。如果在某个方面无法感知情绪，则可能造成重要体验的缺失。在人际交往方面，感知他人情绪的能力对男孩在学校和家庭的生活有明显的影响。能准确地“读懂”他人情绪的男孩，更容易与教师、同伴相处融洽。因此，男孩感知自己和他人情绪的准确性至关重要。一个男孩在这方面练习得越多，就越可能准确地描述情绪。简单地说，男孩要表达自己的需求，首先必须能够准确地感知情绪。同时，识别自己情绪的能力与识别他人情绪的技能密切相关。

整合情绪与思考

整合指的是觉察情绪有助于优化思考，提升判断力、记忆力，改善行为表现。“我很想在考试中取得好成绩，所以我现在要去学习，而不是看完比赛。”“我可不想被学校开除，所以我不能让自己被瑞奇激怒，不能失控。”这就是通过整合情绪与思考，提升了判断力的两个例子。

情绪状态也会影响思考和表现，最明显的例子是，如果一个男孩心情愉快，他就会更有创造力，效率也更高。如果他情绪低落，就不想学习，也不想写作业。思考影响心情，心情同样也影响思考。悲观主义与乐观主义是行走在这条双行道上的两位常客。

自动整合思考与感情的能力，与理解两者之间的关系一样，是一种情绪技能，它随着认知能力的发展而发展。很明显，当一个2岁的小男孩得不到想要的玩具时，他无法用理智思考帮自己平息怒气。但是，随着大脑前额叶皮质（高级推理所在）的不断成长和发展（直到大约18岁），男孩在这一过程中积累了更多理智思考的能力。当认知能力与情绪相结合时，他们就会有更多的信息可以参考，做出明智和健康的决定。

分析情绪

分析复杂的情绪并确定不同情绪和感受之间关系的能力，随着年龄的增长和不断的练习而增强。比如，周末爷爷不能带米奇去钓鱼，7岁的米奇很不开心。但他同时也表示理解，因为爷爷病了。而在三年前，同样的情境，米奇只会觉得生气或难过。

大部分人际关系都伴随着复杂的、层次丰富的情绪。“我很生气但是我依然爱你，爸爸。”“妈妈爱我，尽管她现在非常生我的气。”这些都是很好的例子。我们不难看出，整合情绪的能力也与此有关。

分析复杂情绪的能力的另一个方面是预测情绪可能发生的变化。当情境变得安全时，恐惧可以转变为解脱；当站在他人立场考虑问题时，愤怒可以转变成同情；当学校的项目被认为很成功时，焦虑可以突然转变为骄傲和喜悦。分析这种预期的转变涉及抽象的认知技能，较年幼的男孩通常无法独立完成。然而，就像其他情绪技能一样，这种技能也可以教给男孩。为此花费心力是非常值得的，因为心理健康的标志就是能够认识到，一个人可以同时感受到爱和愤怒。

调节情绪

能够调节情绪是成熟的标志。这种能力包括观察自己的积极情绪和消极情绪，并思考表达这些情绪的最佳方式是什么。如果一个男孩总是忽视自己的积极情绪和消极情绪，那么他就无法感知这些情绪（参见前面关于生理机制的内容）。要想理智地调节、控制情绪，并做出合理反应，男孩们必须先能够感受、理解和分析这些情绪。

我们的最终目标是控制负面情绪，享受正面情绪。有效的情绪调节的前提是具备在必要时强化、维持和控制情绪的能力。因此，一个男孩能在非常愤怒的时候不发脾气，或者在为即将到来的学校舞会感到非常激动时，仍然能够专注自己的科学作业，这些都是成功调节情绪的例子。

▶“不同”“类型”的情绪

看到这个标题，你可能想知道：基本情绪都有哪些呢？理论家、临床医生和研究人员对这个问题有不同的答案。虽然很难确切地知道新生儿的感受，但现阶段，发展心理学研究者[1]的结论是：两个半月之前，婴儿会表现出好奇、焦虑、厌恶和满足。再大一些，在两个半月到七

1 Shaffer, 1999.

个月之间，婴儿出现了愤怒、悲伤、喜悦、惊讶和恐惧等基本情绪。这些基本情绪几乎出现在同一年龄段。1岁以后，第二层情绪呈现出来，包括骄傲、羞耻、罪恶感和嫉妒。

每个人都体验过不同的情绪，大部分人能把它们区分开。之所以在小标题的“不同”“类型”两个词上分别加上引号，是因为心理学家的理论取向以及他们的研究目的和应用不同，他们确实会对情绪有不同的分类。临床心理学家和游戏治疗师海蒂·卡杜森（Heidi Kadusan）认为，儿童在治疗中至少需要表达四种情绪：快乐、悲伤、愤怒和恐惧。

有些心理治疗师会想在这张清单上加上“受伤害”。“他伤害了我的感情”是一种很常见的经历，不需要专业翻译，每个人都能理解。我们常常会在胸部和胃部（因为有情绪受体的关系）感觉到伤痛。所以，这句话准确地抓住了一个人情感和生理的真实体验。不过随着了解的深入，我往往会看到“受伤害”的感觉后面，藏着恐惧。

显然，情绪最终看起来是什么样，取决于人的年龄与个性。但是，随着孩子长大，外部因素——诸如同龄群体的表达规则以及特殊的情境——也会塑造孩子情绪的外部表达方式。正如我在这本书中反复强调的：男孩的情绪表达受到太多的“塑造”，以至于我们有时甚至看不到男孩有不同的情绪。

挑战“男孩情绪不重要”的观念

最近的研究表明，感受和表达情绪，不要压抑情绪或让它们“消失”，这样的做法对健康至关重要。例如，理查德（Richards）与格罗斯（Gross）[1]进行了一项研究，比较了表达情绪和抑制情绪对记忆力的影响。这些研究人员的结论是：长期刻意隐藏诸如愤怒、焦虑和悲伤等情绪会转移我们的注意力，损害我们的推理能力。

另外两个相关研究则测量了隐藏强烈的消极情绪和积极情绪对生理的影响。在第一项研究中，当情绪被隐藏时，实验人员在被试的心血管系统观察到了可测量的变化。而对照组，也就是没有隐藏情绪的组中的被试没有被测量到这一相应变化。[2]第二项研究要求被试隐藏自己的厌恶情绪，也观察到了类似的生理变化。被试的躯体（身体）活动减少，心率减慢，同时眨眼频率增加，交感神经系统更

1 Richards and Gross, 2000.

2 Gross and Levenson, 1997.

活跃[1]。

这些研究对男孩有什么意义

研究表明，压抑或隐藏情绪会影响思维、记忆和身体健康。所以，当男孩学会让自己的情绪“消失”时，他们的生理可能会受到负面影响。从情绪的生理基础考虑，这个推论很合理。要特别强调的是，情绪本身并不会干扰思维和健康（就像《星际迷航》中的史巴克先生说的那样[2]），真正的干扰因素是缺乏情绪表达。

过去，临床研究的注意力集中在情绪表达与身体健康之间的关系，[3]以及情绪和心理障碍之间的关系上，如焦虑、抑郁和行为障碍[4]。虽然这些研究结果不能推及所有男孩，但这项研究促使我们思考：当情绪表达受阻时会发生什么？鉴于压抑情绪与认知功能和健康之间的明显关系，我们需要更多的研究来探索抑制情绪与男孩常见的疾病，如注意力缺陷/多动障碍（AD/HD）、学习障碍，以及

1 Gross and Levenson, 1993.

2 史巴克先生，又译为斯波克，是该剧中一个外星人角色。——译者注

3 Pennebaker, 1995; 1997.

4 Gross and Munoz, 1995.

药物滥用之间的关系。

总结

不久前，我看到一个6岁的男孩在少年棒球联赛中被球砸中了脸。太痛了，那男孩大哭起来。疼得最厉害的时候，他跑去找爸爸。我看到这位父亲把孩子抱在怀里，轻声说着安慰的话。仅仅过了几秒钟，受伤的男孩就感觉“一切都好了”，停止了哭泣。等父亲把儿子放在休息区光秃秃的草地上时，男孩急切地跑回球场，做好了再次打球的准备。什么事都没有了。

看着这位父亲抱起儿子轻轻摇晃，我在想，这个小男孩没有被告知“大男孩不哭”，或“没事，不痛”，或者“走吧，回去接着打球！”相反，他被允许感受和表达痛苦，并得到安慰。这是怎么做到的？写到这一段时，我想起在治疗中遇到的很多男人和男孩，他们已不知道如何哭泣，也不知道如何接受这样的安慰。相反，他们已经学会了如何让自己的感觉消失。比如8岁的鲍比，他说父亲去世时他没有哭。11岁的迈克尔，他最好的朋友一遍又一遍地把他推倒在沥青地上，教他“如何不哭”。后来，迈克尔即便受伤也不会哭。

如果情绪存在的目的之一是表达人类的基本需求，那么这些表达就不应该被忽视。接下来，合理的做法是将这些需求传达给那些能够做出回应或提供帮助的人。对男孩来说，就是这个环节容易脱节。男孩要能够以恰当的方式表达和调节自己的情绪，女孩和成年人同样需要。但针对男孩情绪表达的规则过于苛刻，他们能自由表达情绪的方式和场景肯定是不公平的，甚至是残酷的。

挑战“男孩的情绪不重要”的观念是与主流文化相悖的。这些挑战让父母感到焦虑，因为他们不想故意伤害自己的儿子，让他因为不够“阳刚”在社会上被排挤。这些父母担心，如果他们鼓励孩子的情绪发展，就会导致儿子被同龄人看成一个懦弱的人、“妈宝男”或“娘娘腔”。而这世界上所有的科学研究都无法向父母证明：男孩的情绪的确很重要，而且这种社会环境对男孩不公平。其实，父母凭直觉就已经知道这一点了。

幸运的是，情绪表达是一种很容易学会的技能。家长和其他成年人都要懂得：如何帮助能感受和表达自己情绪的小男孩进行社交，以及如何对那些已经学会让自己的情绪“消失”的大男孩进行干预。

第二章

男孩的社会化：兄弟规则

男孩该是什么样？
该如何行事？
尽管刻板印象始终存在，
但我们很多人深知，
这些过时的观念是完全错误的。

——威廉·波拉克《真正的男孩》（William Pollack, *Real Boys*）

男孩也是有血有肉的人

我曾在一所小学放学时看到一个二年级的男孩：他和一群小男孩和小女孩一起站在学校门口，他们看起来都很渴望回家。看到爸爸走过来时，这个男孩飞跑起来，背后的书包随着他的步伐蹦蹦跳跳。他跳进爸爸怀里，急切的神情变成了十足的喜悦。爸爸看起来和他一样高兴。我感觉，这种“打招呼”的方式是这对父子常做的事。

这个男孩和他的父亲打破了我所说的“兄弟规则”——一种对健康男性气质的扭曲观念。这种观念要求男孩和男人必须掩饰自己的情绪，哪怕是积极的情绪。成年人常常忘记男孩也是有血有肉的人，往往没有意识到，在心理需求方面，男孩和女孩的相似多于不同。这种相似性源于一个简单的事实：男孩和女孩都是活生生的人。

在本章中，我描述了男孩内心的情感生活，同时也揭示了文化对男孩心理需求的影响。我会讨论家庭内外的社会化，以及这种社会化对男孩的影响。第一部分是关于“兄弟规则”的，可以说在很大程度上它是男孩情绪的代言。“兄弟规则”一词有双重含义：它是一份清单，强制规定了男孩应该如何行事；同时，它描述了男孩的内心世界如何被这些规定所支配。这两种含义都很贴切地描述了在美国的主流文化中，男孩是如何学会成为男人的。

虽然“兄弟规则”有很多种形态，但我主要讨论的是对情绪体验和表达的限制。其他规则也会讨论，但这两方面正是束缚男孩情绪的“紧身衣”上最主要的线绳。我还解释了社会化力量对“逾越角色”的行为（与文化所规定的男性角色不符的行为）的惩罚，以及男孩的性行为。本章的主要目的是进一步强调男孩情绪表达的价值，并呈现社会对男孩情绪和行为的影响。

兄弟规则

“兄弟”一词是对男孩社会化主要形态的准确隐喻。它指的是一群闯进你家厨房、书房、地下室或车库的男孩。他们含混不清地跟你打招呼，避免眼神交流。然后他们又冲出去，骑上自行车，奔向下一个文明的“驿站”（食物、运动、电子游戏）。“兄弟”也可能是几个男孩，他们在教室或其他团体中组成一个紧密的小团体，在该不该注意某事、要不要大笑或举手这些行为上彼此跟随，保持一致。“兄弟”反映的是心理上和生理上的团结、不孤单。它可以让男孩获得认同感、社群感、与他人的联系，以及挑战和乐趣。

但是“兄弟”也会限制男孩的体验。

此话怎么讲呢？和任何社会团体一样，“兄弟”也有成文和不成文的规范。“兄弟规则”是把男孩们纠结在一起的扭曲的男性规范。在很小的时候，男孩们就知道要用这些规范来评判别人和评判自己。威廉·波拉克在他关于男孩情感的创新之作《真正的男孩》中，将类似的现象称为“男孩密码”，而金德伦和汤普森在《培养高情商男孩》（*Raising Cain*）一书中则称之为“残酷文化”。这些名称虽各不相同，但指的都是同一个过程。我觉得叫它什么并不重要，重要的是大家一直在讨论它。

虽然“兄弟规则”可能是把“兄弟”聚在一起的黏合剂，但男孩即使不是“兄弟”中的一员，也知道并遵守“兄弟规则”。不管是在群体内还是群体外，男孩们都遵守这些规则，因为他们知道不这么做要付出怎样的代价……他们害怕自己无法成为真正的男孩，没有男子气概，无法成为真正的男人。

虽然没有读过某一本关于“规则”的书，但每个人都知道什么是“兄弟规则”，这是不是很神奇？这就是文化的作用。它将信息一代一代传递下去，从一个群体传递到另一个群体，却不需要将其体现在任何一本书中。男孩与其他男孩在一起的经历就清晰地传递了关于男子气概的“兄弟规则”。尽管其中的一些规则可能很好玩，或者也没什么错，但若要严苛地遵守，就会对男孩造成伤害。

这就是本书不断提及“兄弟规则”的原因。它们会以有害的方式塑造男孩的情绪，尤其是他们的情绪表达。那么，这些规则到底是什么？以下是我从男孩和男人身上观察到或学到的一些东西。

◉ 小男孩：受伤的时候不要哭；男孩只和男孩一起玩；女孩很讨厌；男孩要坚强，坚强和有力量的才是真正的男子汉；要赢，不能输。

◉ 青春期早期：受伤的时候不要哭；在球场上，只有得分时才能表现出兴奋；不要和其他人谈论你的感受；不要让其他人看到你的恐惧或不安；没有什么会困扰你；不要和男生太亲近，因为别人会认为你是同性恋（同性恋是不好的）；避免女性化；女孩是性感的，男孩是坚强的；成为一名运动员意味着你是真正的男孩；胜利是好的，失败不好；可以有攻击性；可以取笑别人，尤其是当他们表现得软弱或你感觉不好的时候；当你感到不安时，要大笑；掩饰你的真实感受。

◉ 青春期中期：受伤的时候不要哭；不要表现出兴

奋；不要和其他人谈论你的感受；不要让其他人看到你的恐惧和不安；没有什么会困扰你；不要和男生太亲近，因为别人会认为你是同性恋（同性恋是不好的）；避免女性化；女孩和女人真的很性感；成为一名运动员意味着你是真正的男孩；胜利是好的，失败不好；男孩是统治者；可以有攻击性；可以取笑别人，尤其是当他们表现得软弱或你感觉不好的时候；要始终显得很酷；回答问题只用一个词（“嗯？”“对”“不”）；掩饰你的真实感受。

◉ 青春期末期：受伤时不要哭；不要表现出兴奋；不要向其他人谈论你的感受；不要让其他人看到你的恐惧或不安；没有什么会困扰你；避免女性化；不要和男生太亲近，因为别人会认为你是同性恋（仍然很糟糕）；女孩和女人是性感的；成为一个运动员意味着你是真正的男人；胜利是好的，失败不好；这是一个男人的世界；要独自闯世界，闯出一番名堂来；喝酒很酷；可以有攻击性；可以取笑别人，尤其是当他们表现得软弱或你感觉不好的时候；要始终显得很酷；坚忍无情；掩饰你的真实感受。

◉ 所有的年龄：不要谈论“兄弟规则”。

肯定还有很多规则，这些规则也有不同的版本。正是这些规则为今天的许多男孩严格界定了男子气概的定义。

也正是这些规则深刻影响了男孩的情感生活与人际关系。即使有时男性宣称他们并没有遵循这一狭隘的男子气概定义，但他们仍然受到某种程度的影响，因为“兄弟规则”会在他们的脑海中回响。这些规则是相辅相成的，可能会稍有变化，但基本原则始终如一：男孩的举止必须像一台机器所做的那样，而不是真正的人的行为。

当“兄弟规则”控制了男孩的身心

遗憾的是，男孩们认为违反规则（而不是摆脱规则）会带来危险。被排挤，被称为窝囊废、“娘娘腔”，或者被认为“像个女的”，都会激起男孩对自己身份最深的恐惧。但请你们想想，遵守这些规则时，在男孩的头脑中和内心会发生什么？这才是最可怕的事。

一旦男孩们内化了“兄弟规则”，即使没有跟“兄弟们”在一起，他们也会遵守这些规则。如果男孩们相信不应该与其他男孩分享自己的困惑和兴奋，那么他们就不会再跟其他任何人分享这些感受，包括他们的家人。如果男孩仅仅是对彼此隐瞒感受，那也就罢了，问题是“兄弟规则”如影随形。男孩听从这些规则，关闭自己的情绪，将这些感受隐藏起来，这样做很不健康。由此开始，他们会让感受消失。

男孩处于劣势

特伦斯·瑞尔（Terrence Real）描述了在我们的文化中男孩社会化的两个步骤。首先，将他们掏空，剥夺他们的情绪；其次，赋予他们男性特权。我觉得这个描述非常有力，因为它来自一个男人，一个愿意谈论这个话题的“过来人”。这种剥夺男孩人性的方法可能导致危险的后果。无论是谁，如果你先剥夺其感受，再赋予其特权，就一定会制造危险。但我不认为这些男孩是危险的，我更倾向于认为，他们人性中十分宝贵的一部分被偷走了。

在我们的文化中，男孩不能也不会轻易表露或分享他们的情绪，这可能是男孩所面临的最大的心理健康风险之一。它导致了一系列心理和生理健康的问题。对成年人的研究表明，情绪表达受限与抑郁、身体健康状况不佳、人际关系不如意和药物滥用均有关[1]。有人认为，许多男人和男孩的行为问题可能与他们掩饰自己情绪的方式有关。

1 Pennebaker, 1995.

▶观察

◎在电影院

了解男孩如何与自己的感受失联的方法之一是观察他们，你可以随时随地观察男孩。有个发生在电影院的事件很能说明问题。某个周六的午后场放映的是《西蒙·伯奇》（*Simon Birch*），一部根据约翰·欧文（John Irving）的小说《为欧文·米尼祈祷》（*A Prayer for Owen Meany*）改编的电影。这是一个关于身体有缺陷的男孩的故事。西蒙是早产儿，一辈子都非常矮小。十几岁的时候，他的身高还不到一米。影片讲述的是西蒙在一个对男孩来说本已十分艰难的年龄段所面临的痛苦处境。

在电影刚开始的15分钟里，每当身体畸形的西蒙出现在屏幕上时，有4个16岁的男孩（一帮兄弟）就会硬生生地挤出响亮的笑声。男孩们低沉的嗓音在剧院里回荡，感觉十分奇怪。这也许是因为他们看起来像男孩，却有着成年男人般的嗓音？他们似乎是在以一种虚假的、排练过的方式使用他们新发现的力量，听起来很像电视情景喜剧中的配音笑声。也许，这种虚假的感觉是男孩们为这种情况反复排练的结果：当你感到不舒服（悲伤、脆弱、恐惧）时，你假装自己没有感觉，把它藏起来，掩盖它，大声地笑。这就是“兄弟规则”的规定。

我问了自己的丈夫约翰，他的感觉和我一样。是的，男孩们的行为很不妥。约翰也为此觉得生气。男孩们想掩饰自己的不安，他们影响了现场所有的观众。大家得非常努力才能专心体验西蒙的感受，这是一个既令人害怕，又充满魅力的角色。后来，我觉得不得不按“兄弟规则”生活，一定就是这种感觉。你为了和兄弟们打成一片，就会身不由己，忽略自己的真实感受。

假如不是坐在离走廊最远的地方，我会在男孩们故意大笑的时候找剧院经理投诉。我不想让这些男孩改变我和家人对西蒙的感受。我坐在那里，时间一分一秒地过去。我幻想自己走到其中一个男孩身边，对他耳语，让他停止这种愚蠢的行为。这就像一位好老师，不靠威吓也能成功制止班级中的霸凌行为一样。

幸好我和经理都不用这么做，结果是他们自己做出了改变。电影放映的第二个小时，他们都安静下来观看。西蒙最好的朋友的母亲去世时，他们没有笑。当西蒙独自站在海边，对着夜空无力地喊出“对不起”(因为他觉得自己要对死亡负责)时，他们没有笑。观众们不再被男孩们的笑声干扰，我们大家都感到悲伤和无助，这才是对这部电影的恰当回应。

◎在教堂

这种场景里，也需要有“恰当的反应”。我参加过一个为16岁的孩子举办的宗教活动。这次聚会有几个女孩、两个男孩和两个成年女性参加。仪式与活动要求青少年在探索信仰的过程中思考和感受。这是一次严肃而私密的聚会，旨在引导深沉而积极的情绪。我观察到，在这个过程中女孩们似乎感到很自在，男孩们则不然。所有男孩都在用力憋住笑，那种歇斯底里的笑声，无论你怎么努力都无法控制。

如果房间更大或人更多，男孩们可能会得逞——努力让自己和我们忽略他们的不安情绪。有时候，群体越大，影响力就越强大。但这个小团体只有两个男生，他们只是做出了不恰当的反应，影响不了什么。当时，现场也没有成年男性能够以身作则来教导这些男孩，告诉他们“兄弟规则”在这里行不通。我希望自己能告诉大家，这两个男孩在仪式结束时改变了主意，但实际情况是他们并没有。祷告结束后，当我们手拉手围成一圈时，他们无法控制自己，笑出声来。就算他们想有所改变，我也能感觉到，对于这样的场景，他们已经有过太多次练习。当你感到不安时，要把真实感受藏起来（兄弟规则）。

读到这里，你应该能清楚了解这两个事件之间的关联了。两个场景中的男孩，都面临在社交场合中体验和表达内心情绪的时刻。后来我和教会头领聊天，了解到这几个男孩的行为一直都有问题。开车回家的路上，我感到悲哀，不仅为他们，也为我们大家。当我们的文化认同男孩的宿命就是要把情绪藏在面具之下时，置身其中的每个人都是输家。男孩就是男孩。我想象应该有这样一种文化：让男孩可以好胜，也可以感到害怕；可以温柔，也可以强硬；可以漫游世界，也能探索内心。然后我回想起，在我们的教会中，7岁以下的男孩是多么热切地参加儿童礼拜仪式，在众人面前，也在其他男孩面前探索情绪与精神世界。

从男孩的童年到青春期，其间发生了什么？我们怎么会“失去”这些孩子？他们又是如何丧失感受或表达情绪的能力的？怎样能让这些男孩不要依靠毒品或“兄弟规则”来处理自己不安的情绪——就像不需要靠大笑来应对一次宗教聚会，或一部令人动容的电影所带来的感受？

彼得·潘和其他迷失的男孩

多年来，心理学家和教育学家一直在问同样的问题。

我们已经从研究者和作家那里得到了部分答案[1]。但我认为，第一步，也是关键的一步，是家长首先要问问自己这些问题，然后做出回答：想要松开“兄弟规则”对小男孩的束缚，父母必须审视自己为这些规则做出了什么“贡献”，自问如何才能不让自己的儿子将这些规则内化。否则我们会继续塑造一种令男孩迷失的文化。

在詹姆斯·巴里（James Barrie）的经典小说和电影中，彼得·潘和迷失的男孩离开父母，生活在永无岛上。我们不知道为什么这些男孩没有和父母在一起，我们只知道他们在某种程度上是迷失的。男孩们每一天都非常兴奋，不停地进行各种冒险，盲目地跟随他们的领袖彼得·潘。他们看起来无所畏惧，一次次死里逃生，其实只是故作勇敢。

但是，这些男孩依旧向往着有父母陪伴的童年，其标志是：讲睡前故事给他们听。随着情节的展开，我们了解到，他们想念睡前故事并不是因为好玩，而是这种体验所代表的意义。在他们亡命徒一般的勇气之下，这些迷失男孩渴望得到身体上的安慰和情感上的滋养（睡前故事可能是一个能同时代表这两者的，全球通用的象征符号）。事实上，这也正是彼

1 Gurian, 1996; 1999; Kindlon and Thompson, 2000; Pollack, 1998.

得 · 潘每天晚上都要飞到婴儿房窗外，躲在窗台上的原因：他要听温蒂给她的弟弟们讲故事。彼得也因此失去了自己的影子——一天晚上他听故事时差点被抓住，不得不仓皇逃走。从心理学的角度来看，也许彼得的影子就代表着他的情感需求，这种需求是那些虚张声势的行为所无法满足的。

把温蒂带到永无岛似乎是解决这些迷失男孩的问题的完美方法。这样，他们不仅可以尽情玩耍，晚上还能听睡前故事……这种日子既充分独立，又保留一丝抚慰。然而，当温蒂和她的兄弟们在永无岛上哭着说想家、想妈妈时，迷失男孩们也哭了起来。

在电影的这幕场景里，所有的男孩一起哭泣，听着温蒂细细描绘她和兄弟们渴望的那种滋养与安慰。我们看到，温蒂替这些男孩道出他们的悲伤。她让他们看到美好舒适的感受与失落的感受之间的联系。也许，这种与自身情感之间的联系，就是我们大多数男孩过早失去的东西。因此，“迷失的男孩”这个名字的确适合故事中的人物。这些男孩缺乏感情，缺乏真正的养育，他们因此迷失。我相信巴里写的这个故事里的情感迷失的男孩们与我们今天文化中的许多男孩没什么两样。

找回迷失男孩，父母应该扮演什么角色

男性也可以和女性一样提供情感滋养。我认为温蒂与迷失男孩们渴望的“母亲”角色也可以体现在男人身上，可以称之为“男性母亲”[1]。但要做到这一点，我们的文化必须改变对男人（不仅是男孩）的敏感与温柔呵护行为的看法。男人完全可以承担母亲的角色。听起来不可能，是吗？这不仅是可能的，而且是非常必要的。尤其是如果你认为对男孩来说“榜样的力量是最大的”，而且事实的确如此。

读硕士的时候，我一心扑在书本、论文和研究项目上，我的丈夫约翰就像妈妈一样承担了照顾我们刚出生的孩子摩根的责任。我们的第一个孩子是我带大的，那时候约翰在一边读硕士，一边打工。而摩根不一样，人人都看得出来，她和她的“男妈妈”关系紧密。但没有人了解，这种关系对摩根有多重要，直到她4岁的时候，有一天摩根和我一起翻看她小时候的相册，摩根看到了一张自己刚出生时的照片。她被爸爸抱在胸前，头依偎在他的臂弯里。看着这张照片，摩根问：“那就是我从爸爸肚子里出来的时候吗？”

1 Dinnerstein, 1976.

摩根对男人养育能力的体会可能与社会中其他孩子对男人的感受不同。纵观历史，大多数文学和宗教形象都将情感安慰和养育的特征与母亲——而不是父亲——联系在一起，各种文化在这一点上都是相似的。在大多数当代媒体（尤其是商业广告）中，也是这种情况。

值得注意的是，在那些男子参与照顾孩子（“男性母亲”）的文化中，暴力情况较少[1]。我在整本书中刻意用“父母”代替“母亲”一词，希望你能理解并认同我的用心。

在这部分的最后，我想说：男孩可以通过开个有趣的玩笑来缓解紧张，或者跟哥们儿一起开心吃比萨，这当然很好。男孩能够独立、自信、锐意进取，这也很棒。事实上，当需要力量时，能表现得坚强勇敢，这是非常鼓舞人心的体验。但是，如果男孩和男人除了坚强勇敢别无选择，那么问题就来了——他们落入了“兄弟规则”的掌控中。

剥夺男孩的情绪

想一想这些说法：“男孩不哭”“妈宝”“窝囊废”“娘

1 Coltrane, 1998.

娘腔”。要知道这些说法通常用来描述一个流露情绪的男孩。当一个男孩不遵循传统的性别脚本时，社会心理学家称其有“角色外”行为。男孩的“角色外”行为的核心就是违反“兄弟规则”。女孩也会表现出“角色外”行为，但在父权（男性主导）文化中，男孩若不符合阳刚的性别角色，会受到更多的惩罚。因为不想受惩罚，男孩们自然不会做出“角色外”的行为。换言之，这也有效鼓励了男孩遵守“兄弟规则”。

从小就学会不能害怕

如果男孩感觉不到自己的情绪会怎么样？第一章提到会有生理上的后果，而这里要强调的是，剥夺男孩的情绪会让他们缺失部分人性。“兄弟规则”和更广泛的社会文化的制裁都导致男孩被剥夺了情绪，同时也被剥夺了一部分人性。

当男孩第一次因为害怕或受伤哭泣时，有人告诉他“大男孩不要哭”。从那一刻开始，他与自己感情的联系就被切断。他学会将自己的真实感受从生活体验中剥离开。这种断裂在他的一生中将被那些遵循“兄弟规则”的人一次次强化，他学会了感觉不到脆弱。而当人类一次又一次地否认自己的脆弱时，他们可以变得……无所畏惧（制造商在向男孩推销“无所畏惧”的标签时，他们完全清楚自己在做什么）。

当一个典型的问题少年寻求咨询时，他已经与自己的情绪有了隔阂。自出生以来，家庭、学校、媒体和整个文化一直在将他的感受社会化。想要了解这种社会化的力量，可以参考“X婴儿（Baby X）”研究[1]。研究人员首先将一个穿黄色衣服的婴儿呈现给一组被试，说这是个男孩，然后将同一个婴儿呈现给另一组被试，说这是个女孩。之后，研究人员要求被试描述这个婴儿。各小组的反应与刻板印象完全一致：被告知这是“女孩”的被试将其描述为“甜美”“漂亮”和“精致”的，被告知这是“男孩”的被试则将其描述成“强壮”和“意志坚定”的。这一研究显示了性别角色和刻板印象定义、塑造一个人的力量，也显示了我们有多顽固、多脆弱。

文化传递给男孩的信息：藏起你的情绪

社会化信息无处不在，无论男孩走到哪里，都会收到关于“应该如何表现”的信息。旁观者的眼神中流露出对

1 Stern and Karraker, 1989.

他们的期待。有多少人认为男孩害怕是正常的，是可以接受的？难过、紧张呢？与之相反，有多少人认为男孩生气是正常的？坚强、自信呢？在社会化过程中，主流文化教导男孩：感到脆弱时要坚强，需要哭泣时要坚忍，要好斗而不要委婉，要掩饰自己的情绪，不要表达。在很小的时候，男孩就开始学习拒绝所有刻板印象中“女性气质”的表现，尤其是情绪表达。毫不奇怪，这些文化规则自然导致了他们典型的女性特质的缺失，比如呵护滋养和情绪表达。

男孩的沉默可以被听见

我在无意间发现，文化对男孩情绪的剥夺竟然严重到如此地步。那时，我正在为自己的论文研究[1]寻找资料。我最初感兴趣的是女孩的自尊是否会在青春期下降（我的样本显示不会）。之后，我开始对男孩的经历感兴趣，因为我的研究结果显示，从童年末期到青春期末期，男孩表达情绪（积极情绪或消极情绪）的能力急剧下降。女孩的情况却正好相反。也就是说，在童年末期，两性的情绪表达水平相似，但到

1 Polce-Lynch, 1996.

青春期中期和末期，女孩表达情绪的能力比男孩强（参见第4章，了解更多关于这项研究的信息）。

于是，当许多青春期的男孩被问到“当女朋友和你分手时，你是什么感觉”时，他们变得沉默不语，或者当他们被问到“父母每个周末都喝醉、争吵，你是什么感觉”时，他们可能只是耸耸肩。出现这种情况一点也不奇怪，很多人并不认为男孩对情绪保持沉默有什么问题。这种现象太常见了，似乎很正常……似乎本该如此。毕竟让男孩对情绪保持沉默有利于打赢伟大的战争，攻占远方的土地。

刻板的男子气概如何影响男孩的生活

男子气概有很多积极的方面，然而，对男子气概的刻板成规长期存在，严重地限制了男孩的情绪表达。刻板的男子气概以文化对男性的定义为基础，有很多僵化的观念和态度。“兄弟规则”就体现了这些规则的严苛和狭隘。你很容易看出，男孩们是如何从现实生活，以及流行文化中的男性刻板印象中习得情绪表达规范的。

诚然，无论是在现实生活中还是在流行文化中，我们很少看到男孩或男人挑战这些刻板印象。然而，偶尔还是会出现一些离经叛道之人。比如，在电影《甜心先生》(*Jerry McGuire*)中，虽然女性角色仍然是传统的形象，但小库珀·古丁（Cuba Gooding Jr.）扮演的角色却挑战了男性刻板印象——一个全情投入的职业橄榄球球员，一个在接受电视采访时会流泪的运动员，一个会大喊“我爱我老婆”的运动员！不仅如此，在现实生活中，小库珀·古丁在接受奥斯卡奖时也做了同样的事情。他哭了，他感谢上帝，说他爱自己的妻子（他打破了“兄弟规则”，还因此得到了一个奖项。我们需要更多这样的男性榜样）。

我知道的另一个打破刻板印象的人是一个6岁的男孩。他的父母决定呵护他们“敏感”的儿子，而不是锻炼他。在奥普拉秀（Oprah Winfrey Show）接受采访时，这个男孩说：当他知道卢旺达人没有干净的水喝时，他非常难过。于是，他在4个月内做额外的家务活，攒下了70美元，为一个村庄买了一口井。在那之后，他得到了源源不断的支持。迄今为止，他已经筹集资金在卢旺达挖了五十口井。假如他的父母当初遵循“兄弟规则”或根据其他狭隘的男性刻板印象来养育他们的儿子，这个故事就永远不会发生。

背景和情境很重要

必须强调，关于男孩情绪和性别刻板印象的讨论不能脱离具体情境。例如，小库珀·古丁因为在演艺圈打破了“兄弟规则”而获得很多赞赏，甚至可能得到了额外的电影合约。一个6岁的男孩上了奥普拉的节目。但是，许多男孩在日常生活中会因为表达自己的情绪受到双重打击：因违反“兄弟规则”而遭受排挤，又得不到他们所需要的父母或社会的支持。想让情绪表达对男孩有益，那些倾听男孩的人必须认可并接受男孩表达的信息。听起来这是常识，但假如你是一个男孩，身处这样的文化中，你就会知道，这种情况很难遇到。

羞耻感隐藏了男孩的情绪

设想这样一种情境：

詹姆斯遇见一个身材是他两倍的可怕的校园恶霸。当时更衣室就他们两个人，恶霸对着詹姆斯比画出一个要勒他脖子的姿势。詹姆斯被吓坏了，他比恶霸跑得快，及时逃脱，安全地跑到科学教室。詹姆斯把刚发生的事告诉了同学海姆，他描述了自己当时有多害怕，跑得有多快。如果海姆说：“要是我，肯定也会害怕，还好你逃脱了。”这样的回应会对詹姆斯产生积极的影响。他会感到放心，未来更有可能与他信任的人谈论恐惧的情绪体验。

但如果海姆对詹姆斯说："你这个胆小鬼。要是我，肯定不会逃跑，我会跟那个家伙干一架！但是现在他知道你害怕了。"这样的回应会让詹姆斯学到：暴露恐惧是不对的；害怕和逃避不是男子汉行为；最好戴上面具，假装什么都没发生过；下次不能跑，哪怕留下来会受伤。羞耻感对抑制男孩的情绪表达非常有效。

下面这个发生在五年级数学课上的小插曲虽然杀伤力小一些，但仍能说明问题。

威尔的手指放在桌子边上，坐在他前面的同学不小心把椅子靠向威尔的桌子，夹到了他的手指。"好痛！"威尔的眼眶里立刻充满了泪水。坐在一旁的男生脱口而出："天啊！别哭……别像个小姑娘似的。"威尔不哭了。在周围兄弟的监视下，他藏起了自己的脆弱。他为自己的感受感到羞愧。在那一瞬间，不仅威尔，周围所有的旁观者都明白了：如果一个男孩表现出真实感受，他就不是一个男子汉。当男孩受伤时，感到难过或哭泣是不对的。其实很多人（包括女孩）都不愿意在公共场合掉眼泪。但是，男孩们被特别教导不要这样做，其结果便是，如果这样做了，他们会感到羞耻。

男孩的“性社会化”

性行为是一种强大的力量，它能把男孩飞速送入成年。在美国，男孩的性行为在很大程度上受充斥着各种性信息的文化影响。仔细想想，谈论男孩性行为时大家常说“男孩就这样”，这是极其死板和不公平的。它允许男孩发生性行为，但不允许他们有亲密的体验或情绪反应。发生过性行为的男孩用“打分”来描述他们的性“征服”，这仅仅是男孩对“性”的狭隘认知的一个例子。性爱不是亲密关系，而是赢得胜利。这样的“性社会化”使得男孩局限了自己的性认知。

在获得狭隘的男子气概的过程中，男孩被剥夺了各种情绪和行为。我认为这一过程往往剥夺了男孩成为完整的人的机会，但克里斯蒂娜·霍夫·索莫斯（Christina Hoff Sommers）等人可能不同意。他们认为男孩需要与女孩有不同的社会化过程，特别是在情绪和性方面。这种本质主义（生物学）的观点往往强化了传统观念中对男性角色和行为的看法。

有关男性性行为的生物学观点也影响了男孩对“性”的感知和他们的行为。不知有多少次，讨论男性性犯罪行为（比如约会强奸）时，人们会将其归咎于男性“无法控制”性欲。从某种意义上讲，这种观点是有道理的。因为在男孩性欲的初始阶段和发展过程中，他们要经历亲密性关系的复杂情绪得不到任何指导。显然，男孩（以及女孩）需要更多的指导，才能发展健康的性行为。

男孩“性社会化”的开端

男孩和女孩懵懂的性启蒙的例子比比皆是。一位朋友跟我讲过她8岁的女儿萨布丽娜是如何被当众提及自己的性特征的（拜“兄弟规则”所赐）。那是在游泳池边，萨布丽娜经过她在学前班就认识的两个男孩身边时，听到他们故意低语：“她很性感！”萨布丽娜没有说话（一个小女孩能说什么呢？“不，我才不是。”或者“你是什么意思？”）[1]。事实上，萨布丽娜后来告诉妈妈，听到男孩们这样说，她感到很不舒服,她不知道“性感”是什么意思。其实那两个男孩也未必知道（“兄弟规则”不提供定义，只提供规则）。

这些男孩认识萨布丽娜，知道她聪明，游泳很棒，足球踢得很好。可是一起坐在长椅上时，他们觉得可以随

1 这样的情况较少发生于东方文化语境。——编者注

意点评的只有她的性魅力。而最讽刺、最能说明“兄弟规则”对男孩的深刻影响的是：萨布丽娜还没有到青春期，她的第二性征还没有一丝显露，但这两个男孩却觉得无法对她有其他评价，他们不会说“她真聪明”“她是游泳健将”，或者“她是一个很棒的足球运动员”。他们只能忠于“兄弟规则”——女孩是性感的。如果没有其他指导，男孩就会遵守这样的规则。

男孩的“性社会化”如何发展

男孩的性社会化往往会演变为“性亢奋”（hypersexuality），意指过度的性活动，比如有多个性伴侣、性主宰（比如为自己赢得了多少次“性征服”记分）。还有一些虽不那么极端，但仍然有伤害性的行为，比如性骚扰。尽管性骚扰通常针对女性，但一些男孩也可能被其他男孩性骚扰。

在我的性别心理学课上，学生不约而同地描述了他们在生活中多次目睹的男人对男人的性骚扰，而且这种骚扰是以性侮辱的形式出现的。我们很多人都听过那些伤人的、贬低的话——侮辱男性在性行为或性器官方面不够“男人”。这就像一个循环：如果男性针对这种性骚扰不断提高彼此的标准，性亢奋的情况就愈演愈烈，从而规定了男性必须在性方面非常活跃或占主导地位。

性亢奋还表现在，男孩往往在还没有准备好，也没有建立亲密关系的情况下就接触到性行为的技术知识，比如针对成人的各种色情信息和内容。解释男人性活动的理论虽然有很多（包括强调生物学和物种繁衍的进化论），但我认为，当一个小男孩在衣柜里发现一堆《花花公子》（*Playboy*）杂志时，在生理上他根本没有做好准备。

在心理咨询过程中，我听过太多的男人后悔地回顾这段经历，因为他们不曾和任何人谈论他们的震惊、兴奋与困惑交织的复杂感受。他们遵守“兄弟规则”，把一切都藏在心里。这些男人中的一些人因为过早接触性知识而偷偷沉迷于色情杂志，这不仅是性亢奋的一个例子（以色情的形式），也反映出它对男孩和男人自身的性欲望的潜在伤害。

如果缺乏教育或没有干预，男孩们就会带着“兄弟规则”版的性观念长大成人。审视当代文化，男孩们多认同自己的性亢奋。实际上，男孩们甚至不需要偷偷上网就能接触到这些，它们存在于情景喜剧、电视广告、音乐视频或电影中。性亢奋弥漫于流行文化中，就在男孩们的目光所及之处。

男孩性亢奋的另一个有意思的关键表现与恐同（同性

恋）症有关。这不仅给男孩施加了巨大的压力，要求他们通过异性性行为来证明自己的男子气概，也限制了男孩们彼此之间的亲密关系。在一个春日里，我在校园里看到两个女大学生手挽手走过，一个神情沮丧，另一个似乎在安慰她。这个场景看起来是那么自然，给予人慰藉。当时我想，恐怕很难看到两个男生做同样的事情，因为他们害怕违反“兄弟规则”，怕被贴上同性恋的标签。对我来说，同性恋是身为人类的另一种表现，但对于大多数异性恋男生来说，这是一种可怕的禁忌。

男孩在文化和社会的压力下，急于证明自己不是同性恋，也就不难理解他们要通过异性性活动来传递“我是正常的”这个信息。我们不禁会想，如果男孩不用承受来自“兄弟规则”的压力，是不是所有人都会更有安全感（父母对儿女与异性约会，也就不会那么焦虑）。不幸的是，到目前为止，我们还是时常会听到男孩在约会时强奸女孩的例子。这些男孩认为这没什么大不了的，因为“她想要”。如果不了解男孩在“兄弟规则”引导下的性社会化过程（此过程中，男孩也是受害者），就无法理解这些犯罪行为。

有时候，我们在现实生活中找到答案，有时候则是在故事里。我在沃利·兰姆（Wally Lamb）1998年出版的畅销小说

《我只知道这些》(*I Know This Much Is True*) 中找到了一个答案。主人公多米尼克回忆他少年时代的性经历：他观察到性的亲密关系会将男孩与另一个人“绑”在一起，哪怕只是很短的时间。他的阐述乍一看似乎是在描述男孩情感上的孤立，而不是他们的性行为，但我认为这两者对于男孩来说往往是密不可分的。

本节的目标之一，是从情绪的角度分析男孩的性社会化过程。当我们理解了男孩的情绪表达在家庭和更广泛的文化中受到束缚会导致什么结果时，也就有望使男孩从父母和其他成年人那里得到更多的性指导。

卢卡斯

我们可以通过案例研究来探讨男孩的性社会化。看看下面这个案例。

卢卡斯是个典型的美国男孩，他的父母盖瑞和米歇尔与大多数美国人无太多差别。从出生开始，卢卡斯的爸爸妈妈和祖父母就很疼爱他。你可能会想，生在这样一个充满爱的家庭中，卢卡斯还会有什么问题？事实证明，即使在充满爱的家庭中长大，男孩也可能迷失在性亢奋的文化，以及“兄弟规则”中。

18岁时，在一次聚会上，卢卡斯在珍妮的饮料中放了一种安眠药。珍妮也18岁，卢卡斯通过一个共同的朋友与她相识。他好几次约她出去，都被拒绝了。卢卡斯很困惑，因为珍妮看起来态度非常友好。卢卡斯认为，珍妮是在故作矜持。你只要经常看有线电视，在MTV、VH1、BET这些频道的节目里，女孩们总是表现得很想发生性关系（而且，根据那些影片里的剧情，她们嘴上说“不”，心里其实都在说“好”）……因此，当卢卡斯听说珍妮也要去参加聚会时，他决定偷偷放一片安眠药到她的饮料里，“帮助”自己促成与珍妮发生性关系。卢卡斯那帮自幼儿园起就认识的朋友们都觉得，这是个跟珍妮发生性关系的好办法。

▶约会强奸

问题就在于，卢卡斯真心认为他就只是跟珍妮“有性关系”而已。他完全没想过自己的这种行为是强奸，也没想过未经珍妮同意，或者在她不知情的情况下把这种药放进她的饮料里是违法的。卢卡斯一门心思想发生性行为，完全没有考虑过珍妮的感受。事实上，他甚至没有把珍妮当作一个人来看。毕竟卢卡斯的朋友们时常跟女孩发生性行为，但他们从没有谈论过自己与这些年轻女孩的关系，他们只谈性。因为卢卡斯只有过两次性行为，他觉得自己比不上兄弟们，好像自己不是个真正的男子汉，但没人告诉他，事实并非如此。

有些人可能会认为，卢卡斯不过是和其他男生一样，试图“上垒得分”[1]（的确如此）。毕竟他们在同一个聚会上，而珍妮在喝酒，也在与人调情（的确如此）。所以，他并没有真正“强奸”她（绝非如此）。根据定义，美国有许多州的法律规定，当一个人精神上无行为能力时（受毒品或酒精的影响被视为无行为能力），就不能被认为同意性行为。因此，任何在这种情况下发生的性行为都是强奸，这就是犯罪。

约会强奸事件的发生率比我们所知的要高得多。因为年轻女性往往因害怕而不敢报案，所以统计数据并不可靠。此外，如果使用了某些药物，受害者通常无法记起被性侵的细节，因为这种药物会抹杀记忆。这些药均不会导致受害者昏迷，而是阻断大脑记忆。所以，如果一个女人在聚会上喝酒，她甚至可能根本察觉不到药物在何时起效。在她的朋友，或者计划与她“发生性行为”的男人

1 意指与女孩发生性行为。——译者注

看来，她没有表现出任何异样。

▶男孩成为文化的受害者

我不认为女孩和女人是唯一的受害者，我认为男孩和男人也是受害者。这个观点可能会引发争议。尽管卢卡斯对珍妮明显没有任何同情，更谈不上同理心，但很重要的一点是，我们要将他的感情缺失问题放到更大的文化背景中来看。

从来没有人教导过卢卡斯，应该将女性视为人而不是性对象。从某种意义上说，他也受到了蒙蔽，被剥夺了充分体验自己性欲望的可能性。想想看，如果一个男孩认为与一个无行为能力的女孩性交是健康的或令人满意的性行为，那么这个男孩不仅会对他的性伴侣，也会对自己持有一种扭曲的看法，这可能会在将来导致他在性爱和亲密关系方面出现问题。

男孩的性社会化过程需要我们的文化给予认真关注。事实已经清楚表明，卢卡斯最初认为他的行为并没有错，或者用他的话说："男人在女孩不情愿的时候和她们发生性关系，这种事很常见，没什么大不了的。"可悲的是，这种心态让人以为，发生性关系的对象仅仅是满足欲望的工具，而不是一个有自己感觉、有需要的人。有这种心态的男性不仅在生活中对女性造成了可怕的伤害，同时也对自己造成了可怕的伤害。

如你所知，卢卡斯的情况并非孤例。他所实施的这类强奸行为在美国各地的高中和大学校园里都有发生。仅1993年，加利福尼亚州的莱克伍德就有8人因此被捕，有17项强奸和非法性交等重罪被提起公诉[1]。许多“受欢迎的”美国高中男生都是某个男孩组织的成员，他们给所有与他们“发生性行为”（无论自愿与否）的女孩打分。当7名被强奸的女孩决定提起诉讼时，其中一名被告的父亲说：“我儿子的所作所为，无非是这个年纪血气方刚的美国男孩都会做的事。”（有时“兄弟规则”也主宰着成年男性的生活。）

▶男孩的性两难

这个父亲哪里错了？卢卡斯的父母哪里错了？文化直接或间接地扮演了何种角色？这些问题的答案很复杂。父母们也身处同样的文化中，也经历了一样的社会化，这种文化在电视上渲染随意的性行为，就好像这是唯一有意义的事一样。此外，出于恐惧，父母也会暗中遵守“兄弟规则”（见第1章）。这两个因素可能是导致性亢奋在年轻男

1 Smolowe, 1993.

孩中普遍存在的主要原因。还有一个众所周知的事实是，个体在群体中会改变其行为。男孩作为群体的一部分所犯下的罪行，在只有自己时可能就不会发生。当男孩们在心中内化了“兄弟规则”，再加上年轻人的荷尔蒙冲动，就可能会导致悲剧性的恶果，比如约会强奸。

要想找出强奸背后的原因，找到卢卡斯对珍妮缺乏同情心的根源，我们就要认真探讨社会和个人层面的各种因素。显然，卢卡斯的父母盖瑞和米歇尔抚养他的方式与当今美国许多男孩的成长方式并无二致：参加少儿棒球联盟、学打鼓、假期全家一起去度假、看很多电视节目、长时间玩电子游戏等。但不是每个男孩都会犯下强奸的罪行。然而，许多男孩对性行为，以及什么叫“对方同意性行为”的认知的确是扭曲的。

找寻原因的另一种方法是思考卢卡斯的生活中缺失了什么。有两点很明显，一个是卢卡斯对需要发生性行为的看法是“因为其他人都这么做”。我猜想，如果卢卡斯有机会与什么人谈谈自己的性感受，结果是否会有所不同。换句话说，如果卢卡斯能够与他的父亲（或其他成年男性）谈论自己所承受的“必须得发生性行为”的压力，如果他的父亲能认真倾听，并提供好的建议，那么结果又会如何呢？也许卢卡斯能学会以其他方式，而不是遵照“兄弟规则”来处理自己的性感受。

另一个明显的事实是卢卡斯对女孩的看法。珍妮对他来说根本不是一个人，只是一个性对象。如果他的父母能够告诉他，女孩希望在发生性行为之前先了解与她们约会的男孩，那么结果会怎样？如果他们帮助卢卡斯辨析（即质疑其真实性或有效性）媒体传播的各种各样把女孩看作性对象的文化信息，结果会怎样？卢卡斯很有可能将珍妮视为一个有自己感觉的完整的人。

这就是男孩的性困境，如何不必在性方面大肆炫耀、忠于自己的真实感受和想法，同时仍然被同龄人视为“真正的”男人？想想男孩在我们的文化中通常是如何被社会化的，就不难发现对大多数情绪表达形式的限制，以及文化中对性攻击的默许。在这两种因素的相互作用下，轻则出现性骚扰，重则引发性犯罪。除非男孩能得到不同的教育，否则他们的想法、感受或行为就不会改变。

男孩和女孩的心理需求

我认为，男孩在性与社会方面的很多困境源于这样一个错误假设：男孩和女孩有不同的心理需求。事实恰恰相反，男孩和女孩的心理需求是相似的。当然，男孩和女孩的荷尔蒙、肌肉质量或骨骼结构并不完全相同，他们得到的教育和运动机会也不一样，但我认为他们的基本心理需求是相同的。

这些需求包括但不限于：安全需求、独立思考和感受的需求、表达这些想法和感受的需求、爱与被爱的需求、控制愤怒的需求、为自己的身份感到自豪的需求、为自己的行为负责的需求、信任和被信任的需求……这份清单还可以继续列下去。男孩和男人的心理需求与女孩和女人的心理需求完全一样，都是人类的基本需求。

男孩也有和女孩一样的情绪。怎么可能没有呢？但是几个世纪以来，我们抚养和对待男孩的方式，就好像他们没有情绪一样。思考这个问题的另一种方式是问自己一个问题："如果男孩不能哭（或不被允许成为他们自己），他们该怎么办？"我记得，早在1970年，我给一个叫理查德的6岁男孩做保姆。他喜欢项链，他的父亲自然对此非常不满（他的出发点是好的，他不希望儿子被其他孩子孤立）。有一天，我戴了一条珍珠项链，理查德说了一句我永远不会忘记的话。这个6岁的孩子非常有智慧，他摸了摸我的项链说："能喜欢你想要喜欢的东西，这种感觉一定很好。”那时我也才12岁，但我明白他的意思。现在我的理解更加透彻了，因为我有“性别眼镜”，它让我看到性别刻板印象与性别角色对我们所有人造成的限制。理查德的想法和感受需要得到回应。他需要有人了解他的内心，告诉自己他到底是谁。

镜映男孩的真实自我

镜映是指将一个人的思想、感受和行为反映给个人的过程。镜映可以帮助男孩了解真实的自己。你可以想见，这是社会化的重要一步。这个概念起源于玛丽·安思沃斯（Mary Ainsworth）和约翰·鲍尔比（John Bowlby）的依恋关系研究。在日常生活中，镜映是父母每天都会对婴儿做的事。“哦，你很开心！”这是宝宝流着口水，咧嘴微笑时，父母的镜映。“是的，我知道你现在很生气，但你不能打我。”或者“汤米对你很刻薄，我想你心里一定很难过”。这些是对年龄较大的孩子镜映的例子。孩子们每天有无数的机会能得到对自己内心世界的镜映，也可能什么都得不到。

▶镜映为何如此重要

如果孩子没有得到对自己内心世界的准确镜映，他们就很难厘清自己的想法，很难感受自己的情绪。他们的真实身份可能变得扭曲，尤其是如果成年人不断地要求他们以违背自己实际想法和感受的方式去思考和感受，情况就会更糟糕。

即使最简单的镜映也可以教男孩认识自己，帮助他们塑造自我（请记住，自我是情绪之所以重要的主要原因之一）。在日常生活的复杂心理状态中，镜映也是同理心的基石。男孩必须首先能够识别自己的想法和感受，然后才能与他人产生共鸣。这一切都始于他们能从父母或照顾者的“镜子”里看到什么。从2岁到4岁，是教导男孩了解自己和他人感受特别重要的时期。但不幸的是，这也是小男孩通常被教导要“成为男子汉”（即忽略自身恐惧和痛苦的感觉）的年龄段。仔细想想，这就像强加于人的军事化训练。

许多男孩的内在心理需求从未得到镜映。以卢卡斯为例，家人爱他、照顾他，送他去棒球联盟，但他的一些心理需求并未得到回应（否则他也许会对珍妮有更多的同情）。当自己的感受没有得到准确的镜映时，男孩会怎么做？糟糕的是，他们学会让自己的感受“消失”。但感受并不会真的消失，而会以不健康的行为方式表达出来。

镜映包括对思想、行为，以及情绪的回应。当理查德说“能够喜欢你喜欢的东西一定很好”时，反映他内心世界的镜映评论可能是：“你能欣赏美好的事物……就像这根项链。”对他的感受的镜映评论可能是：“你觉得很难过，因为你不能享受你喜爱的东西……”而针对他的行为的镜映评论可能是：“你很想拥有美丽的东西。”但是，理查德从他的父亲那里得到的回应是：“别傻了……项链是给女孩的……你不能喜欢那种东西！”

简单地说，镜映意味着一个人真正被看见、被倾听。这个简单的行为实际上是发展健康的心理功能、塑造自我以及与他人联结的基石。

男孩的先天气质

正如第1章中解释的，环境影响儿童，儿童也影响他们身处的环境，这种相互影响将持续一生。本书各个章节都会提到先天气质，因为无论是在人的整体发展还是情绪发展过程中，它都扮演着互动的角色。

先天气质可以被认为是情绪或行为方式的某种倾向，它塑造了我们的大部分个性。有些男孩天生比其他男孩更活泼（外向），而有些男孩则更安静、更内敛（内向）。相关的人格特质还包括随和、开放、情绪化/敏感和容易焦虑。虽然还有其他一些人格特质，但上述这几类被人格理论家称为“大五人格”。

为什么先天气质如此重要，该如何对待

父母和其他成年人了解不同的气质很重要，因为男孩的不同气质会引起周围成年人的不同反应。也就是说，不同的气质会引发不同的镜映行为和社会化过程。例如，有些男孩非常爱哭。这些男孩父母的反应往往与那些在受伤时保持沉默和坚忍的男孩的父母不同。胆小男孩的情况也一样。有的7岁男孩刚上完一天的滑雪课，就想从山上滑下来，而另一个孩子则缩在爸爸的两腿间，需要爸爸保护着才能慢慢滑下缓坡，这两个孩子得到的镜映也不一样。

有些男孩很容易就能向别人表达自己的感受，而另一些男孩在谈论自己的感受时就像拔牙一样痛苦。男孩能否识别和表达情绪会影响大人的回应方式，这是可以理解的。但是，生理特征并不能决定命运，无论男孩的先天气质如何，他都可以学着“伸展”，这样就能在需要时以健康的方式感受和表达自己的情绪。

男孩的先天气质与镜映及“兄弟规则”有关。为什么呢？如果一个男孩天生不善于表达情绪，他的父母和其他成年人就很容易认为他没有情绪，或者他的情绪不重要。相反，如果一个男孩经常有强烈的情绪表达，那么他的父母和其他成年人的反应就会是“别理他，要锻炼他变得坚强一点”。

无论先天气质如何，可以肯定的是，男孩也是人，自当有感情，他们的感情需要得到尊重和镜映。现在的挑战是，如何尊重男孩的先天气质，尊重他们的感受，并找到方法，帮助他们学会以健康的方式表达感受……而这一切都需要与“兄弟规则”对抗。

塑造男孩情绪的社会力量

人际关系与社交情境是影响男孩情绪发展的重要因素，而在人际关系与社交情境中，走出狭隘的男性角色（比如“兄弟规则”）所要付出的代价，似乎也是塑造男孩发展的一个重要因素。表达情绪无论在哪种关系中——与其他男孩、女孩、父母、兄弟姐妹，或是与队友、教师、同事等任何人——都是关键。这应该是不言而喻的。然而，表达情绪的重要性常常被其他问题掩盖，尤其是对男孩而言。例如，难以“与他人相处”的男孩通常被简单地认为有行为问题。人们很少停下来想想：他的家里或学校中是否有什么事让他感到不安？

从正面来看，如果一个男孩与成年人和同龄人关系良好，大家通常只把他看作“好男孩”，而很少会想到他的情绪是健康的，或者他在社交场合能很好地识别和调节自己的情绪。这个男孩显然比其他人更能识别和调节自己的情绪，但这方面的因素完全被忽视了。

社交—情绪体验

来自他人的社交暗示或反馈既可以帮助男孩学习健康的情绪表达，也能让他们学会隐藏自己的感受。基于这些暗示，男孩能够发展社交技能——也可以理解为一系列行为，让周围人知道在那些社交情境中该做什么不该做什么，该说什么不该说什么。男孩总是会得到针对自己行为的特定社交暗示，但很少有人告诉他们，在社交互动中表达情绪有多么重要。

因此，有的男孩可能缺乏社交—情绪技能也就不足为奇了。例如，一个总是“哼哼唧唧”的男孩会得到许多关于他的情绪的负面社交暗示：他会被忽视、被排挤、被骂，以及/或者被要求停止这种行为。但是，除非他（或他的父母）了解这种“哼哼唧唧”背后的原因（恐惧、悲伤、愤怒），否则他可能不会停止这样做。或者，他虽然会停下来，但他的情绪需求并没有得到解决。教一个爱哼唧的男孩直接表达他的感受，他就不会到处抱怨，这样做其实并不难，而且效果很好。只要及时干预，让他明白如何将自己的思想与情绪相对应，从而更加明确地表达需求。教授这样的社交—情绪技能需要父母、教师或辅导员的配合。

通常，当男孩强烈的情绪没有直接表达或没有被听到时，这些情绪就会“拐着弯”地从侧面表达出来，比如变成抱怨。“侧面情绪”（见第4章）通常会导致男孩产生很多让人反感的行为，但它无法帮助男孩满足自己的情绪需求。抱怨就是一种“侧面情绪”。再举几个例子，比如攻击、吹嘘，还有欺凌，所有这些行为通常都可以追溯到某种隐藏的情绪。不仅如此，所有这些行为都会塑造男孩的社交关系，进而影响男孩的情绪发展。

▶攻击

这是一种“侧面情绪”，常在学校或运动场上为男孩制造社交麻烦。一个10岁的孩子因为比赛时表现不好沮丧地回到替补席上，他踢翻了所有的水瓶。他以这种方式侧面地表达了自己的愤怒（恐惧）。控制愤怒是一种可以教授的社交技能，这个男孩需要学习如何更好地调节自己的情绪。如果他的队友因为他的情绪爆发而排斥他，假如他的身旁有一个成年人能够“指导”他，那么队友的回应就可以帮助他学会控制自己的行为和情绪。而另一个结果可能是，如果每个人都忽略他的情绪爆发，没有人教他除了发脾气还能做什么，那么他就无法学会如何控制自己的愤怒。

▶吹嘘

那些经常吹嘘自己在棒球比赛中，或者在篮球场上获得胜利的男孩也可能会得到队友或同龄人的负面反馈。如果他留意到这些反馈，或者如果有一个成年人能向他解释其中缘由，他就会“懂得”并不再吹嘘。这需要一种社交—情绪技能，了解其他男孩的感受以及自己内心的感受。只要是人际互动就会带有某种情绪能量，我们要认识和理解这些能量有多强大。也正因为如此，男孩才需要指导——学会处理情绪，而不是忽视情绪。

▶欺凌

对欺凌者行为的常见解释是，它表达了对关注、权力或报复的需求，或者反映了自卑感。我觉得，其实欺负人的男孩和其他人没有什么不同，他也想要更好的感受，但他会以伤害他人的方式表达和满足这种情绪需求。美国有许多学校都制订了欺凌预防计划[1]，部分原因是学校里经常发生与欺凌有关的悲剧。尽管学校的干预很重要，但如果父母和其他成人不能对男孩的情绪需求（而不是侧面情绪）给予直接回应，那么我们就看不到真正的变化。男孩必须先得到支持——能够表达他们的感受和需求，我们才能做出回应。

认识到欺凌对他人的影响也很重要。欺凌的受害者必须能够向他人表达自己的感受，这种经历才不会恶化或内化（比如，认同“也许我真的是个失败者”）。欺凌“有效”的内在原因之一，是年纪越小越有可能相信别人对我们的看法。“被欺负”这类负面经历应该说出来，这看似是常识，但对于男孩来说，这样做违反了“兄弟规则”（如果感到不安，就要藏起真实感受）。对欺凌受害者的干预与对欺凌者的干预一样重要，男孩要能直接向父母和其他值得信赖的成年人表达他们的感受和需求。

1 Olweus，Limber and Mihalic ,1999.

▶运动与竞争

团队运动以及/或者竞技运动中的人际关系，是男孩社交的重要组成部分。无论男孩是否参加运动，都会受其影响，因为认同某个运动员或某支运动队，是“兄弟规则”之一。参加运动的男孩和不参加运动的男孩都被同一个标准衡量。有人达标，有人不达标——他们都受制于“为了获胜不惜代价”的“兄弟规则”。

我认为，“赢或输”这种认识应该变成“赢与输”。竞争虽有助于个性发展，但也可能产生负面影响。负面影响一部分来自这种“非赢即输”的二元对立的认知。当运动仅仅意味着与对手竞争时，结果就变成要么是赢家，要么是输家。你仔细想想，如果不能登顶，就会被压在下面，这样的世界简直无法生存。这种“非此即彼”的认知抹杀了其他一切可能性。我认为赢家和输家实际上都被剥夺了人性，一种是超越常人（超级英雄），另一种是不如常人。

如果一个人自我的核心与胜利密切相关，就需要强大的心理防御——可能是持续的攻击性和高度的防备心理——以抵御对失败的恐惧。这种一心求胜的心态会影响情绪发展：为获胜不惜代价，哪还有空间发展同理心。

幸运的是，竞争也有积极意义。团队运动中的成员会产生多种情绪：挫败、愤怒、喜悦、自豪、尴尬、坚定等。体育运动为情绪表达和情绪调节提供了无数机会。任何打过网球、高尔夫或篮球的人都知道，一场比赛中会有许多次这样的机会（一位朋友在描述高尔夫这项运动时说，当某一杆挥得不好时，你恨不能去“撞火车”；而挥出漂亮的一杆时，你又会高兴得跳起来）。确实，在竞争中，如果男孩能够在努力、坚持、竭尽全力的体验中锤炼自我——无论结果如何，体育比赛都可以成为健康情绪发展的绝佳机会。

▶友谊

与他人亲近的能力是建立深厚友谊和长期关系的核心。亲密关系涉及许多不同的经验和技能，一个是信任的能力，另一个是同理自我与他人的能力。然而，许多男孩在社会化过程中学到的，是通过一起参与活动来建立友谊[1]。这样就未必能触及友谊更深入的层面，比如亲密的交谈和倾听。事实上，大多数男孩建立友谊的过程就是一起运动、一起打电子游戏，再一起参与更多的运动，打更多的电子游戏。我记得自己曾看到两个7岁的女孩在一起看电视。她们蜷缩在沙发上，一个人把头靠在另一

1　Maccoby, 1990.

个人的肩膀上。类似的场面，对同样年龄的男孩来说就很罕见。是怎样的社会和生物学原因造成这种差异，尚无定论。我在这里只想强调，不仅女孩，男孩也需要建立基于亲密、信任和同理心的友谊。那么，他们为什么不这样做呢？

当男孩有一个值得信任、可以与其交谈的朋友时，这种友谊可以作为缓冲，保护他们的心理。当生活中的其他事件可能带来情绪困扰时，友谊提供了一个可以放松的中立地带。就我在心理咨询和治疗中见到的儿童和青少年而言，处境最困扰的总是那些没有亲密朋友的人。然而，寻找朋友并不是一件容易的事，维持这段关系需要花大量的时间，需要全心全意地投入，还需要一定的社交—情绪技能。

或许，男孩要能表达情绪，最重要的是他们需要一个可以对其“倾诉一切”的人。当男孩不知道可以和谁谈论他们的情绪或“重要的事情”时，可能会出现几种结果，其一是男孩将他们的情绪锁在心中，这些情绪会通过消极行为（抱怨、欺凌等）“迂回”地表达出来，也可能表现为某些身体方面的症状。

还有一个可能的结果是，男孩可能无法正确区分与谁交谈是安全的。他们可能会选择一个不值得信任的人来表达自己的内心感受。选择不可信任的人的后果可能是毁灭性的，尤其对一个为了与人谈心而违背了“兄弟规则”的男孩而言。袒露了自己的脆弱之后，得到的却是糟糕的体验，这只会让“兄弟规则”更具吸引力。

所以，男生需要练习建立友谊的基本功。如果他们不曾练习如何与可信赖的人谈心，那么他们可能会找错交谈对象，或者学会压抑情绪。那种恪守“兄弟规则”的“只在一起活动”的朋友关系与亲密友谊不是一回事。可见，在如何结交和维系与“最好的朋友”的关系方面，男孩需要得到指导。童年时期有一个最好的朋友，这种经历本质上是对未来人际关系技能的练习：交谈、倾听、依恋、支持、争论、谅解等，以及与此相关的从恐惧到关爱的所有情绪技能的练习。

不符合角色期待的行为

任何关于男孩社会化以及人际关系的讨论都必须考虑“不符合角色期待”的行为。这里所说的，是不符合传统认定的性别角色的一切行为。男孩的“不符合角色期待”的行为是指那些没有达到刻板印象中所谓男子气概标准的行为，也就是违反“兄弟规则”的行为。

男孩在很小的时候就会因为做出不符合刻板印象中的男子气概的行为受到惩罚。这些惩罚非常严厉，并且会持续多年。[1]女孩的情况却不同。一个高中女生可以参加垒球和田径类运动，她并不会像一个学习芭蕾和爵士舞的男孩那样受到那么多惩罚。

胆小鬼/“娘娘腔”等元素，以及被称为“娘”，对想要发展自身阳刚一面的男孩来说简直是诅咒。我认为害怕因“不符合角色期待”的行为而受惩罚，可能是损伤男孩表达情绪最重要的因素。在男孩的生活中，每个人都难免在某个时刻因为违背社会常规被孤立、被取笑。男孩因此感受到的羞耻和受到的惩罚，可能对他们情绪的“消失”有重大影响。因为害怕受到惩罚，他们剥夺了自己的情绪。

总结

人们所说的“情绪”往往只包含愤怒、悲伤和恐惧这

1 Lynch and Kilmartin, 1999.

样的负面情绪。在我们的文化中，“不要太情绪化”是贬义的。这说明，喜悦和自豪这样的积极情绪通常不被重视。如果你是一个男孩，拥有和表达情绪（无论积极的或消极的）通常被认为是一种禁忌——耻辱的标志。但情绪是人性的一部分，这一点毋庸置疑。男孩也是人，感受快乐和悲伤、骄傲和恐惧，这就是一个完整的人应该拥有的能力。我认为，拥有和表达情绪是每个人与生俱来的权利，包括男孩。

当你思考男孩的社会化，以及他们因不符合狭隘的男性角色（比如“兄弟规则”）而受到惩罚时，务必密切观察男孩社会化过程中缺失的东西，并予以弥补。如果男孩不能在家庭、学校或社区中学到如何成为一个完整的人，那么他们要从哪里学习呢？

指出“兄弟规则”的负面影响之后，我认为还有几点必须澄清。我绝不是主张男孩不应该拥有哥们儿和兄弟，或认为“兄弟规则”一无是处。人生中的某些经历确实需要男孩戴上面具，需要“不惜一切争取胜利”的态度和极端的坚忍。我想强调的是，如果“兄弟规则”成为唯一的规则，那么它可能会损害男孩的情绪发展，至少，男孩需要一些替代方案。

第三章

男孩的成长与情绪发展

从出生到青春期，

男孩的情绪发展会受到伤害。

我们的目标是防止这些情绪被抹杀。

吉米是那种人人都喜欢的男孩。上小学时，他虽然不擅长阅读，但在足球场上的表现很棒。他生性风趣，你看着他就会开心地想笑。但是上了高中后，他的这些优势很快就消失了。他不再踢足球，而是改玩滑板。他留长了头发，让父母直皱眉头。他拿到驾照后，人们就经常看到他开车四处晃悠，新车的前挡风玻璃上印着“无畏”两个大字。挡风玻璃上的这个标志似乎很符合他投射出的形象。但是，就在吉米在城里开车兜风，宣称自己无所畏惧的同时，他的父亲却身患绝症。

本章讨论男孩的情绪发展，我会聚焦于“男孩有什么感受”“我们如何帮助男孩以健康的方式发展情绪”之类的实际问题。装饰在吉米新车前挡风玻璃（以及许多男孩T恤）上的“无畏”这个标志的意思是，男孩不会感到恐惧。在男孩的车和衣服上看到这类标志似乎很自然，但如果一个女孩穿着印有“无畏”标志的T恤，似乎就显得不自然。为什么呢？一种解释是，我们的文化允许女孩感到害怕，而拒绝给予男孩同样的许可。“无畏”标志符合文化中“自然”存在的对男性气质的刻板印象，但就人性而言却很不自然。只要一个人活着，就会在某些时候感到恐惧。

我相信“无畏”标志是男孩在当下社会化的象征。此外，这是一种心理矛盾，简单明白地概括了男孩情绪发展的两难困境：男孩不被允许感到恐惧，但同时，他们又必须感到恐惧……以及任何其他情绪，否则他们就无法保持心理健康。

“先天气质”在情绪发展中扮演的角色

这一章介绍的先天气质也可以说是情绪反应模式、情绪变化，以及对特殊刺激的反应敏感度的一种风格或者倾向性。[1]与情绪一样，先天气质也包括生理因素和心理因素。大多数理论家和研究人员都认为，先天气质有很强的遗传性。有些人认为，50%的先天气质是由基因决定的[2]。事实上，的确有证据表明，有的孩子甚至可能会遗传父母在经历某些恐惧状态时产生的生理特征。[3]

先天气质的类型

先天气质的一个重要功能是调节情绪发展。这里有

1 Dworetzky, 1996.

2 Carey, 1999.

3 Robinson, Kagan, Reznick and Corley, 1992.

一个例子与儿童的回应性（reactivity）程度有关。具有瓦尔纳（Werner）描述的“随和型”气质的儿童在面对威胁事件时，其交感神经系统的反应（血压升高、心率加快）程度较低，也较少表现出挫败和痛苦的症状。从科学的角度来看，这表明这种气质在某种程度上会减弱或抑制边缘系统的生理反应。从日常生活的角度来看，具有这种气质的男孩在害怕时可能不会像“敏感型”男孩那样经历或表现出痛苦的迹象。与害羞或焦虑的男孩相比，拥有这种气质的男孩成年后也不太可能患上焦虑症或恐惧症。

对儿童先天气质的研究已经进行了几十年。托马斯（Thomas）、切斯（Chess）和伯奇（Birch）是这个领域的先行者，他们研究了气质的长期稳定性。儿童心理学家杰罗姆·卡根（Jerome Kagan）研究过“大胆”与“胆怯”两种气质之间的连续统一体[1]。研究人员还撰写了有关儿童气质的通俗读物。[2] 我呈现这些与先天气质有关的信息，不是让大家尝试改变男孩的气质，而是因为我认为父母和其他成年人应该意识到气质的差异，这很重要。这种意识有助于应对男孩与世界互动的不同风格。最终，父母也会希望帮助男孩了

1 Kagan, Reznick and Gibbons, 1989; Kagan and Snidman, 1991.

2 Carey 1999; Greenspan and Salmon, 1996; Neville, Johnson and Cameron, 1997.

解自己的本性，懂得如何与自己相处。

托马斯、切斯和伯奇的一项开创性研究将儿童分为三大类（随和型、慢热型和困难型），并评定了五种气质维度，包括规律性（饮食和睡眠模式）、趋避性（与父母分离时的适应性和尝试新活动）、适应性（对环境变化的反应）、反应强度（对不同经历的反应程度）和情绪本质（影响范围：遇到悲伤的事情时悲伤，发生高兴的事情时开心）。

威廉·克里（William Carey）也对气质进行了研究，并认识到气质表现的更多方面，如活动程度、注意力分散程度、对新事物的反应、持久性、注意力持续时长，还有规律性和敏感性。与其他人的观点一样，他也认为气质大约有50%是由基因决定的。虽然“随和型”和“困难型”等早期的气质分类可能仍被用于研究，但在流行文化中，人们已经转而使用“精力充沛的孩子”（the spirited child）和“倔强的儿童”（the strong-willed child）等说法。“叛逆、有挑战的孩子”（challenging child）甚至也被加入五种不同的类型中[1]。你可能马上能想到符合这些类型的孩子。

研究人员和理论家通常认为，情绪技能——情绪调节（控制情绪的能力）——和情绪开放性都是先天气质的组成部

1 Greenspan and Salmon, 1996.

分。事实上，情绪在很多层面上与先天气质密切相关。一个男孩的先天气质可能会决定他表达情绪的程度，而他的父母对他的情绪表达的反应，反过来又会影响这种情绪表达。

现在，让我们看看这些理论用在小劳尔身上的情况。劳尔属于“随和型”的孩子，似乎没有什么能让他烦恼。婴儿时期，他很少大哭大闹。长大一些，他表现得随遇而安。他积极乐观，也能很好地适应变化（10岁的时候去露营，他没有流一滴眼泪）。看到他这种随和的天性，劳尔的父母认为他在生活中并不需要太多的情感支持。这是父母对一个随和的孩子的常见反应。他看起来没什么问题，所以没有必要提起情绪的话题（或者委婉地称为“问题”）。这种态度就像俗话所说的，“没有坏的东西为什么要修？”但是，男孩的情绪正是因此遭到漠视。

情绪与先天气质的关联

当父母认为没有什么事会困扰他们的儿子时，他们通常也会忽略男孩的积极情绪和消极情绪。因此，孩子就得不到足够的机会“练习”思考或者谈论自己或他人的情绪。他无法学到重要的情绪技能，比如分析和感知自己及他人的情绪。所以，即使一个男孩脾气很好，如果他的情绪没有得到镜映，他也不太可能发展出识别、表达，以及以健康的方式回应情绪的能力。所有气质类型的男孩都是这样，而困难型（好斗、冲动）和慢热型（焦虑、害羞）的男孩会更容易引起父母的关注。父母对不同气质的男孩，以及对他们的情绪会做何回应，与很多因素有关，比如父母对气质的了解，以及他们对“兄弟规则”的了解和/或受其影响的程度。

男孩的情绪和气质之间的联系最有趣的一点，或许在于到青春期结束时，大多数男孩的情绪表达看起来都一样。外向的男孩和害羞的男孩都遵循同样的表达规则。情绪的直接表达通常仅限于坚忍、攻击或偶尔友好地拍拍背。在运动场上获得胜利是为数不多的，男孩可以自由表达喜悦情绪的情境之一。要预防这种情绪表达受限，就要在他们牙牙学语的时候鼓励他们谈论自己的感受，并且这种鼓励要一直持续到青春期（见第4章）。

当你阅读本章的其余部分时，一定要记住，不管男孩的气质如何（包括注意力持续时间、活跃程度、敏感度、情绪等），所有男孩都需要掌握情绪技能。这些情绪技能的“样貌”会因男孩的年龄和气质的不同而不同。但我想，在下一节中，你会惊讶地看到，孩子们从多早开始——出生的时候——就能够感受到自己的情绪。

情绪发展的时间轴

以下内容描述了五个不同年龄段男孩的情绪发展和社会化过程。各种情绪技能都会涉及，但重点是情绪表达的技能，因为它是男孩一生中情绪健康发展的核心。我强烈建议你阅读所有年龄段的内容，以全面了解男孩的过去、现在和未来。

从出生到3岁

从出生到3岁这段时间非常重要，有太多事情在这期间发生。曾经，包括心理学家和儿科医生在内，人们普遍认为，婴儿除了饥饿和兴奋，没有任何感觉。尽管测量婴儿的情绪非常不容易[1]，但从当初认为婴儿没有任何情绪感知到现在，心理学家已经取得了颇多进展。目前，发展

1 Izard,1982.

心理学家的结论是，3岁前，孩子已经发展出了几种常见的情绪。

0~3岁的情绪（以及行为观察）

0~3岁男孩的情绪和相关行为包括：

新生儿：愤怒（哭闹扭动）、恐惧（惊吓反应）、厌恶（尝到苦味时做鬼脸或吐舌头）、幸福（微笑）、满足（不烦躁）。

3个月：喜悦（对他人的快乐表情做出回应）、痛苦（对他人悲伤或愤怒的表情做出回应，可能是同理心的前兆）。

2.5~6个月：悲伤（面部表情）、惊讶（面部表情）、恐惧（面部表情）。

8~10个月：社交焦虑（与看护人确认自己的情绪是否正常，可能是情绪调节的前兆）、害怕陌生人（哭泣并拒绝与陌生人交谈或对视）。

1~2岁：兴高采烈（高兴的尖叫声）、倔强（发脾气）、尴尬（眼睛转开、下巴收起，可能会脸红）、羞耻（眼睛转开、下巴收起，可能会脸红）、内疚（眼睛转开、下巴收起，可能会脸红）、骄傲（在取得成功后微笑或鼓掌）、愤怒（大发脾气）。

3岁：同理心（回应并“感受”他人的悲伤、痛苦、快乐等）、情绪调节（根据文化表达规则隐藏一些感受，例如男孩在受到伤害时可能不会哭，因为他们被教导“大男孩不哭”）。[1]

1 Dworetzky,1996；Greenspan,1985；Izard,1982；Shaffer,1999.

婴儿和幼儿不仅有感觉，比如有识别或感知他人情绪、调节自己情绪的能力，他们也理解他人的情绪。这是发展心理学中离散情绪理论（discrete emotions theory）的核心原则。该理论认为，基本情绪和情绪技能在出生时或出生后不久就存在并发挥作用。如果真是这样，那么父母和养育者如何对男孩的情绪做出反应，其重要意义的确是从生命的最初阶段就开始显现了。

男孩从出生到3岁的社会化

男孩在3岁前得到的呵护可能比他们一生中任何时候都多。在这个时期，他们被拥抱、被溺爱，得到镜映；他们被亲吻、被爱抚，得到照顾。这个时期也是男孩一生中能够无所畏惧，也不会感到羞耻地寻求爱的时候。因此，在这个发展阶段，男孩表现得更热情也就不奇怪了。想想看，我们是不是经常看到婴儿、幼儿，还有学龄前的男孩会伸手拥抱父母和其他成年人，他们会毫无顾忌地献上（通常是黏糊糊的）亲吻。小男孩常常会对妈妈或爸爸大喊“我爱你”，会承认自己的难过，想哭就哭。

表达爱意和哭泣都是情绪表达的形式。相比对大男孩的态度，我们的文化对这个年龄段男孩的情绪表达更宽容，或者更准确地说，人们对“表达情绪会让男孩失去男子气概”的恐惧，在男孩处于这个年龄段时还没有完全发挥作用，所以我们的文化相对舒适。这并不是说“兄弟规则”不会影响父母和其他看护人对男孩的反应。事实上，关于“婴儿X”的研究（在前一章中讨论过）显示了从婴儿出生时起关于他们性别的刻板印象就存在了。

从出生到3岁，应对男孩的天性气质

即使这么小，人们也可以观察到男孩的不同气质，其中许多特征会影响男孩的情绪表达，从而影响其他人对他的反应。例如，“敏感”的婴儿要么得到父母和照顾者的安慰，要么得到“让他坚强点儿”的反应。一些成年人任由男性婴儿和幼儿哭泣，作为他们为上学、进入“现实生活”或成年做准备的一种方式；而另一些成年人则会为婴儿提供安慰，从而让他们获得必要的安全感。许多父母担心，如果他们关注男孩的敏感度，他会一辈子都是“娘娘腔”。

▶依恋关系的重要性

出人意料的是，现实情况似乎刚好相反，安慰一个敏感的男孩会让他的感受得到认可，而不会强化他的感受。

对敏感男孩的父母来说，这不仅是一个难以接受的观念，还有一系列难以接受的行为。无论成年人怎么想办法，先天气质的许多基本特征都不会发生改变。因此，试图让一个敏感的男孩变得坚强并不会“治愈”他的敏感。对任何年龄的敏感男孩来说，最有疗效和最健康的反应是与我们的文化认知相反的：关注他受伤的感受并提供安慰，然后教他如何处理自己的强烈情绪。

事实上，安思沃斯、布莱哈尔（Blehar）、沃特斯（Waters）和沃尔（Wall）垂直性依恋研究的结果表明，在生命的第一年，如果婴儿哭的时候能得到安慰，而不是被忽视，这些婴儿1岁以后就会哭得更少，而不是更多。1岁以后，他们似乎更有安全感、更独立，并且与照顾者的关系更和谐。其他研究也显示了相同的结果[1]。这项关于依恋的经典研究有助于改变早期的认识——任由婴儿哭泣有助于他们学会如何安慰自己。事实上，在需要时为婴儿提供安慰，是重要的镜映过程的一部分，而“磨炼他们”的做法似乎会促使男孩情绪的消失（以及引发其他许多后果）。如果情绪在男孩这么小的时候就已经消失了，他们就需要付出大量努力才

1 Sroufe, 1983.

能再次将其寻回。

▶怎么做

我之所以选择敏感型男孩作为气质这个部分的第一个例子，因为它是最容易引发父母担心的特质，尤其是在“兄弟规则”面前。敏感可能是造成“慢热型”或“困难型”男孩趋避行为[1](approach-withdrawal behavior)的根源。而“随和型”男孩的情绪更容易被忽视(无论在哪个年龄段)，因为他们往往没有强烈反应，所以不会引起周围人对其情绪的关注。“慢热型”与“困难型”男孩的气质与他们的情绪之间的关联性是显而易见的。哭闹、害羞、攻击行为以及其他激烈的对抗行为，就像“吱吱”作响的车轮一样引人注意，而那些没有通过行为表达出情绪感受的男孩就不太可能引起照顾者的注意。

面对0~3岁阶段的男孩，应对他们的不同气质，主要有两种方法：

相信你的直觉，而不是“兄弟规则”。当男孩(婴儿、幼儿或者学龄前的孩子)因为受伤哭泣时，大多数父母会说，他们想去安抚他(是的，去吧！)。但是当孩子发脾气时，父母就不想

1　指初次接触陌生的人、事、物时的反应。——译者注

这么做了（对，他需要空间冷静下来，然后要给他一些限制）。

首先要接纳孩子的气质，再帮他努力朝相反的方向“伸展”。这是一个困难且漫长的过程，父母和孩子都需要投入大量时间，甚至有人认为需要一辈子的时间。想想你认识的一个害羞的成年人，他可能是一位成功的演说家，因为他朝那个方向“伸展”了。这种伸展要耗费大量能量，因为他本性害羞。从发展心理学的角度来说，他可能具有慢热的气质。在幼儿期或学龄前，这样的男孩最初在面对新情况时往往会退缩，并有轻微的负面心态和情绪反应。这种气质的男孩的父母可以温和地让他接触令他退缩的情境和人，而不是一味迁就他的退缩。同样，“困难型”（冲动或注意力不集中）孩子要试着慢下来，心态要更积极，反应不要太强烈。想让男孩的气质向反方向“伸展”，他们需要大量的指导。

从出生到3岁，父母如何改善男孩的情绪发展

▶镜映

“镜映”是帮助男孩在早期正确发展情绪最重要的干预措施之一。我在第2章中介绍过，镜映是一种协调，指的是父母回应孩子的感受、想法或行为的特定举止。婴

儿高兴地微笑，父母也以同样喜悦的微笑回应，这就是镜映；当孩子难过时，养育者用同样悲伤的面部表情回应他，这也是镜映。说“你真高兴”或“你看起来好难过”之类的话是语言的镜映，父母还会本能地使用面部表情来镜映婴儿。之后，随着孩子长大，镜映的方式会更加丰富，并最终被语言取代。

父母可以在镜映孩子情绪的同时为其行为设限。例如，如果一个孩子生气的时候扔了一块积木，那么父母可以说：“你可以感到生气，但不要扔东西”，这样既给了孩子镜映，又设定了规则。下一步是告诉他生气时可以做什么，“你可以告诉我你很生气。”或者“你可以先去自己的房间冷静一下，然后回来告诉我你的感受。”这两种方式都能教男孩学会使用语言而不是攻击行为。但是，做到这一点的前提是他们必须知道这些情绪的名称，并了解自己在经历这些情绪时的感受。

▶指认情绪

教男孩了解情绪的名称，永远不会太早（也不会太迟），他的情绪词汇表建立得越早越好。最简单的做法就是当男孩正在经历这种情绪时，告诉他这种情绪的名称（这也是镜映）。假如孩子没有表达情绪，父母可能需要推测孩子的情绪。例如，当罗伯特眼睁睁看着可怕的表哥慢慢地（而且是故意地）把他最喜欢的拼图从桌子上推下来摔坏时，他感到生气是正常的。如果罗伯特什么也没说，也没有任何表现，他的父母可以说："哦，罗伯特，真遗憾你的拼图被米沙破坏了……如果我遇到这种事，肯定会非常难过或生气。你感觉如何？"即使罗伯特说"我不知道"，你也已经通过示范指认出适当的情绪，帮助孩子练习重要的情绪技能了。

▶示范

情绪示范是指认情绪的另一种形式，它包括通过行为和语言为情绪命名。情绪示范可以（也应该）发生在男孩从出生到青春期的各个年龄段。这种指认情绪的方式可能是鼓励男孩情绪发展最简单又最深刻的方式。为什么呢？因为它同时做到了两件事。首先，它有助于培养男孩识别情绪的能力，因为他可以观察别人做同样的事情。其次，它让男孩认识到有情绪是正常的。例如，父母可以分享他们有类似感受的经历。如果罗伯特听到爸爸在他的耳边低语："觉得生气没关系……我还记得小时候表哥把我的乐高积木弄坏的时候，我气死了。"那么，罗伯特就不仅可以去感受，而且可以谈论自己的感受。

针对出生到3岁的男孩，成人能在社区中发挥什么作用

针对男孩在这个年龄段的情绪发展——实际上，我认为在所有年龄段——家庭有可能影响他们所在的社区。男子气概的许多规范在很大程度上是由男性构建和维护的，因此，社区中成年人的影响力必须来自那些能以身作则、重视男孩情绪发展，以及能接受情绪的男性。情绪及与情绪有关的行为不是发生在真空中的。事实上，男孩和男人的情绪表达都需要得到来自家庭、学校或其他公共论坛的大量关注和回应。

▶男人的独特角色

想象这样一幕：在社区聚会中，大约15个家庭聚集在一起听演讲。在演讲进行到一半时，米奇走到屋子中央，来到演讲者的正前方。他趴在地上，开始用人偶表演。对大家来说，这个安排十分有趣。突然，米奇大哭起来，他的父亲毫不犹豫地走到他身边，把他抱起来，拍着他的背，在他的耳边低声安慰。几秒钟后，米奇不哭了，他让爸爸把自己放下来，回到原地，开开心心地继续玩耍。

米奇需要（和得到）的东西在依恋理论中被称为再充电

(refueling)。一个蹒跚学步的孩子，在12~18个月的时候，当他突然意识到自己是一个人时就会感到害怕。他需要通过一个安全基地（父母、照顾者）来获得心理“给养”。在前面的场景中，爸爸提供了给养。在几十年前的美国（在今天的许多其他文化中），妈妈是心理给养的唯一供应站。

像米奇爸爸这样在公开场合给予男孩情绪安慰，有助于改变父亲在促进男孩情绪健康发展方面所扮演角色的相关规范。鼓励父亲发挥养育作用的项目也有助于大家接受和包容男孩的情绪。事实上，许多预防计划[1]和跨文化研究表明，如果父亲经常参与照顾孩子，这些社区和国家的暴力程度会降低。

父亲可以为婴儿和幼儿的情绪发展提供支持。他们的影响塑造了社区对男孩的回应方式。当规范发生变化时，每个人都会注意到。当大环境开始重视男孩的情绪时，个人更有可能这样做。重点是，在婴儿和幼儿期，男孩的情绪需要得到与女孩相同的镜映及其他辅助回应。个人和社区都可以为建立这样的规范提供帮助。

1　例如“养育父亲”（Nurturing Fathers），请参阅相关资料。

从4岁到7岁

从发展心理学的角度来说，这是孩子处于世界之巅的阶段。斯坦利·格林斯潘（Stanley Greenspan）形容儿童成长的这一阶段是“世界在我手中！”他们不仅毫发无损地度过了蹒跚学步的岁月（这是不小的壮举），获得了新近发现的独立（挺进学前班，并且不需要父母陪伴就可以和小伙伴一起玩），玩伴将他们介绍给更广大的世界，并且他们（暂时）不用为青春痘或名牌服装发愁。虽然社会地位在这个年龄段也会发挥作用，但基本上，所有孩子都有平等的机会在游乐场里称王。

皮亚杰的认知理论将这个年龄段的儿童置于前运算思维的后期，也称为直觉阶段。意思是孩子依赖感觉而非逻辑来认识事物。例如，如果孩子看到水从一个又高又细的玻璃杯里被倒进另一个又浅又宽的容器中，他们就会认为容器中的水“少”了，因为水看起来少了。而且，在这个认知阶段，孩子的脑海中仍然漂浮着“奇思妙想”的小岛……小罗伯特虽然知道可怕的梦不是真的，但他还是会关上壁橱的门，留着大厅的灯，然后在睡觉前喷上“去除噩梦”的喷雾——以防万一。

这些关于认知的信息与情绪发展有什么关系？首先，

讨论情绪发展一定要同时考量认知发展（这是本书强调的一个概念）。男孩早期所有明显的情绪在这个阶段虽然存在，但之间的心理联系已有所不同。他们现在可以更多地思考自己的感受。因此，父母在这个阶段应提供大量的情绪指导，并设法让男孩早期的情绪保持活跃。

当男孩意识到“兄弟规则”对情绪表达的限定时，他们也会留意父母言谈中表现出的对这些规则支持或反对的态度，并且以各种方式记在心中。例如，当艾伦没有被邀请参加他期待已久的卡文的6岁生日派对时，他会感到受伤。得知自己没有被邀请的当天，他在家里闷闷不乐。父母对这种行为（通过闷闷不乐的方式“从侧面”表达自己的情绪）的回应就能教会艾伦将来如何处理自己受伤害的情绪和脆弱的感受。在这个阶段，男孩需要非常明确的情绪指导，因为他们正在观察、学习，并将父母对孩子的感受所表达的态度和行为铭记在心。

从出生至3岁，大部分学习发生在感觉运动（sensory-motor）层面。神经连接在大脑中建立，前语言经验（preverbal experiences）可能储存在身体中。相比之下，在4~7岁，男孩能够思考自己的感受，并以不同的认知形式记住他们从这些感受中学到的东西。当被告知“做个男子汉，不要哭”

时，这个年龄段的男孩就会由此推断：感到悲伤是不好的，应该隐藏悲伤。他们虽然还不了解有关情绪表达的规则（或相关的“兄弟规则”），但他们可能会开始认为，自己出现某种感受是不对的。所以，他们学会了隐藏它。通常，这是男孩情绪“消失”过程的开端。

即便世界被握在手中，但对自身力量不完整的认知可能会让这个年龄段的孩子感到恐惧。比如，当小卢克因为不能随心所欲而生气时，他对爸爸妈妈大喊：“我希望你们出车祸！”然后他跺着脚回到自己的房间。但是一进门，他就开始感到非常害怕，因为真有可能会发生车祸。毕竟他是游乐场之王，世界被他握在手中。

这种可怕的经历曾真实地发生在我的来访者——一个10岁男孩——身上。这个孩子曾对母亲尖叫着喊出了一模一样的话，几天后他的母亲真的出车祸了。对于这个10岁的孩子来说，很难让他理解这个事故不是由他强大的情绪造成的。但在压力下，儿童（和成年人）会出现倒退的情况。这个男孩的因果思维能力退回到更早的认知水平（更像是一个6岁的孩子）。总而言之，父母必须牢记小男孩的情绪有多强大，尤其是在受到这个年龄段的直觉认知模式影响时。

4~7岁男孩的社会化

从4岁到7岁，性别角色尚有灵活的空间，“兄弟规则”也还没有那么强大。但“情绪种子”已经在学前班和小学的第一年种下，它有可能成长为狭义性别角色中对阳刚气质定义的样子。在这个年龄段，除了家庭，教育经历、团队运动和各种兴趣小组也会参与塑造男孩的情绪表达。有一些共同的线索将这些不同的经历与男孩表达情绪的能力联系起来，其一是女孩的存在。

▶对女性化的恐惧很早就开始了

女孩与男孩情绪表达的消失有何联系？这种联系是间接的。女孩本身不会造成男孩的情绪消失，问题在于主流文化向这个年龄段的男孩灌输的与女孩有关的内容：“兄弟规则”明确指出，女孩不“酷”。因此，“像女孩一样”是不好的。更糟糕的是，既然男孩不是女孩，如果他表现得像个女孩，那他不仅不酷，而且简直糟透了。在认知和社会发展阶段，女孩代表着脆弱、无力和所有“情绪化的东西”。尽管这个年龄段的男孩对女孩不友好，但女孩如果展现出刻板印象中阳刚的举止（爱运动、在野地里玩耍、对职业运动员十分了解）会比男孩展现出刻板印象中女孩的举止（过家家/玩娃娃、爱打扮、哭泣）更容易得到包容。这种对比本身就说明，在练习人际与情绪发展技能方面，女孩比男孩获得了更多的社会认可。

在这个年龄段，男孩的社会化可预见地将会成为更加僵化的性别刻板印象和性别角色的向下延伸，而且“兄弟规则”与此脱不了干系。主流文化既是这些价值观的仲裁者，也是传递者。

4~7岁，应对男孩的先天气质

一个胆小的6岁男孩，如果住在郊区，父母也内向寡言，那么他可能很不喜欢说话，更别提谈论情绪这种私人话题了。因此，他没有什么机会“练习”谈话。而另一个害羞的男孩，曾经有机会练习谈论自己的情绪，那么他在社交场合就会感觉更自在。但谈论自己的情绪从来不是男孩的常态。一个害羞的男孩可以学会讨论足球赛的比分，但这种能力并不一定转变为能够告诉别人他对打雷闪电的恐惧。谈论情绪是一种亲密的谈话，不仅需要信任、需要有技巧的倾听者，也需要练习。

▶情绪表达练习

无论在哪个年龄段，男孩都需要在日常生活中进行表达情绪的练习。在4~7岁，这种练习大部分是通过观察成年人来完成。如果儿子看到父亲隐藏自己的情绪，他也就学会了这么做。示范健康的情绪表达方式，是很有效的教学方法。因为它不仅为男孩指认情绪，还向男孩展示了如何处理这些情绪。例如，如果一位父亲对儿子说："妈妈还不回来，我有点担心……但我觉得她应该没事……她可能只是遇到了堵车。"这样的示范做到了三点：第一，指认（而不是隐藏）他的感受；第二，描述他的想法；第三，示范了处理担忧或恐惧的技巧。显然，他还与另一个人建立了亲密关系。所有这些元素都是有效且简单的方法，可以教会男孩了解情绪以及学会如何处理情绪。

在讨论先天气质时，我将关注点放在与胆怯密切相关的气质类型上，因为害羞或敏感，男孩的父母经常以否认而不是确认的方式来应对儿子的脆弱。巴顿（Button）在《真实的孩子》（*The Authentic Child*）一书中分享了一个小故事，过了多年我仍然记忆犹新。我想这是因为，这个简短的故事说明，我们常用的安慰孩子的方式，其实完全忽略了他们的真正需要！

在这个小故事中，一个5岁的男孩很担心，因为他的妈妈没有按时回家。他在睡前开始哭泣，因为他想念妈妈。爸爸告诉他，没有什么好害怕的，妈妈很快就会回家。听到这句话，男孩哭得更大声了（因为他的感受没有被听到）。尽管父亲说了一些自己认为能够安慰孩子的话，可是值得害怕的事仍然存在。所以，这个小男孩要么“让他的感觉消失”，要么就继续哭泣，直到爸爸确认了他的恐惧。要肯定孩子的情绪，爸爸可以这样说：“是的，妈妈没按时回家，你很害怕，睡不着觉。”一旦恐惧得到确认，他就会找到应对策略。

只有镜映情绪，男孩的内心世界——他们真实的自我才能得到确认。如果没有照顾者的情绪确认，他们就无法进入下一步——学习处理情绪的方法（除了让它们消失）。通常，男孩只有一半的体验会得到确认。他们虽然得到安慰的想法，却没有学会了解自己的感受。

▶时刻关注男孩的情绪

帮助这个年龄段的孩子进行情绪表达，除了示范和镜映，还应该直接指认男孩的情绪，并帮助他们说出自己的感受。每天的情绪练习可以帮助男孩熟悉，甚至自如地使用情绪语言。例如，老师注意到乔伊对写字感到挫败。他握笔姿势很笨拙，写出的字母看起来总是别别扭扭的。乔伊没说遇到了麻烦，他自己可能都没有觉察。他只是对写作业这件事不断抱怨，并千方百计地逃避。在这种情境下，通过简单的方式就可以进行情绪表达练习。教师对男孩说：“乔伊，你对自己写的字感到沮丧是完全可以理解的。要是我，也会有这种感受。我能帮你吗？”面对不同性格的男孩，父母和教师会得到不同的答案，可能是“没什么……”，也可能是压力导致的号啕大哭。在这个过程中，最重要的是指认情绪。我相信，只要成年人和男孩一起练习指认情绪，在他的情绪被确认之后，男孩做何回答已经不重要了。只要情绪被确认，目的就已经达到了。

在这个年龄段，无论男孩的先天气质如何，成年人都可以做很多事情来引导男孩的情绪反应和行为。无论男孩是“随和型”“慢热型”，还是“困难型”，他们都需要练习指认和表达自己的情绪。一个“困难型”的孩子可能会排斥任何对他内心世界的探视，因此“困难型”孩子的父母往往会想放弃帮他们练习情绪表达。过度活跃的男孩也会有这种情况，他在教室里坐都坐不住，更别提谈论感情之类的事情了。但是这两种类型的男孩仍然需要练习指认情绪，并了解这些情绪会引发什么感受。

父母如何改善4~7岁男孩的情绪发展

尽管这个年龄段的孩子越来越多地离开家去探索外

面的世界，但他们的生活仍然是以家庭为中心的。这一点父母们一定要牢记，你们的儿子还没有落入“兄弟规则”之网。不过，男孩已经逐渐意识到“兄弟规则”中关于情绪表达的内容，他们还会留意父母的言谈，敏锐地觉察到父母对这些规则是支持还是反对。所以，如果孩子处在这个年龄段，我建议父母每天都要帮他们做练习，尤其是练习指认情绪。

▶谈论感受

这种练习就像针对“兄弟规则”的疫苗，它包括示范或直接反馈男孩的感受。在这个年龄段，也适合就情绪进行一些泛泛的谈论。没有父母的指导，男孩（和女孩）可能不会明白感受很重要，因为主流文化仍然贬低并且经常忽略情绪表达，除了看恐怖电影时。

我曾为一个7岁男孩做智力测验。他的智商很高，但在其中一个子测试中，他却无法指出“愤怒”的定义（正确答案很简单：愤怒是一种感觉或情绪）。

一个聪明的孩子无法用语言描述一种常见的情绪，这真是匪夷所思。教男孩认识情绪的名字，这是非常重要的一件事。除了“传统”的对话，市场上还有一些棋盘游戏，用来教这个年龄段的孩子认识情绪以及学习处理情绪。许多游戏可以全家一起玩。[1]

▶别忘了示范正面情绪

父母和其他家庭成员应该始终牢记，表达积极情绪和消极情绪对男孩的情绪发展都很重要。关键是，父母要能够为孩子确认各种情绪。正如这本书反复讨论的，积极情绪不仅是正常和健康的，而且可以为心理健康提供缓冲作用。因此，当男孩感到自豪、兴奋、快乐等积极情绪时，父母最好能指认这些情绪，并镜映给他们，就像识别和镜映负面情绪一样（负面情绪通常通过问题行为表现出来，因此会更频繁地引起父母的注意）。

在这个年龄段末期，男孩就应该熟悉各种情绪的名称了。

在此基础上，让男孩练习情绪表达最简单和最有效的方法就是在某件事情发生时，或者在某种经历的过程中问他：“你对此感觉如何？”这类非常明确的提问方式可以从这个年龄（实际上更早）开始，并持续整个青春期。它相当于“你怎么看？”的情绪版本。这个问题对于男孩自我认知的发展也非常有帮助。

1 Childswork Childsplay 是提供此类游戏的目录。请参阅相关资源部分。

针对4~7岁男孩的情绪问题，成人如何影响社区

随着男孩越来越多地离开家庭，走向球场、教室，或者其他活动场所，他们的社区活动范围也就越来越大。任意一个类似的场合都会改变或强化男孩表达情绪的规则。一定要记住，只要是男孩聚集的地方，他们通常都会受到“兄弟规则”的秘密操纵。因此，成年人在任何场合都可以质疑情绪表达规则，或为男孩提供不同的规则，这有助于促进情绪的健康发展。

▶改变“兄弟规则”的规范

作为社区领袖的成年人对“重新规范”男孩情绪表达发挥着关键作用。这些人包括教师、教练、青年牧师、教会头领或任何与男孩共度时光的人。教练在男孩的生活中扮演着独特的角色，从成为运动员，以及争取胜利这些方面来说，他们就像“兄弟规则”的守门人。那些奉行“要强悍”或“别在意痛苦”的教练一定要教会男孩区分清楚：在球场上可以强硬，但在其他场合要明理。

如果教练不能帮助男孩学会将运动的竞争精神与其他社交互动区分开，那么这个任务就落到男孩父母身上。如果受尊敬的成年人不能教会男孩做出这种区分，“变得强硬”的思维方式就会蔓延到其他非运动和非竞争性的

场合。我曾经为一个高中足球运动员提供心理咨询，他从7岁开始踢足球，到上高中的时候，他已经完全关闭了所有的情绪通道。他常用刀划伤自己的手臂，就为了感受他所经历的痛苦，他真是过分"强悍"了。

除了教练，其他成年人一般不会刻意压制男孩柔软的情绪。许多教练在要求男孩忽略痛苦和恐惧时，是有明确目标的（比如获胜），而其他成年人通常只是被抵制男孩情绪表达的文化所影响。不管怎样，在与4~7岁的男孩互动时，如果成年人能够承认男孩的情绪而不是忽视他们的情绪，男孩就能获益。大多数出色的教练都深谙此道，他们不仅强调情绪在运动中的作用，还教导运动员善用情绪。这些教练并没有教运动员忽视痛苦或恐惧，而是教他们正视情绪，并加以转化，以提升运动表现。

▶教育

社区帮助男孩实现情绪发展的另一种方式是通过学校进行"情感"教育。情感教育是指为学生提供"全人"（包括情绪、应对技巧、沟通技巧等）教育的课程，而不只是教授学术科目。学校的心理咨询项目是情感教育的常见例子。

这样的努力有助于"打破""兄弟规则"，并且可以使男孩在情绪发展的过程中免受负面影响。丹尼尔·戈尔曼（Daniel Goleman）在他的畅销书《情商》（*Emotional Intelligence*）中列出了许多已经实施的学校情感教育计划，以应对学生的情绪需求。

从8岁到11岁

与之前的年龄段一样，早年出现的情绪仍然存在（或应该存在）。在这个年龄段新出现的可能是“融合”（blend）情绪的能力。“融合”是指将思想与情绪混合在一起，或者针对同一个人、同一种经历或对象，产生混合在一起的两种不同情绪的能力。例如，一个男孩可以对他的妹妹同时感到生气和爱；如果两种感觉他都能意识到，那么他就不太可能在生气的时候打妹妹。研究人员已经注意到，8~11岁的孩子具备对一个人同时产生积极情绪和消极情绪的能力[1]。但我发现，一些年仅5岁的孩子已有融合情绪的能力。

“融合”被认为是一种成熟而健康的技能，能帮助人们调节情绪。因此，学会如何将思想与情绪融合，有利于

1 Harter and Whitesell, 1989.

心理健康。比如，当一个男孩感到害怕时，如果他知道如何将安慰的念头与害怕的感受融合，恐惧就不会阻碍他的行动。与非人性的“不要害怕”不同，当一个男孩学会融合他的思想和感受时，他会发现自己可以感受到恐惧，并且能够应对恐惧。

事实上，我在临床实践中发展出的一种有效的心理治疗方式就是以这种融合为基础的，这种方式叫作“认知—情绪—行为疗法”(Cognitive-Emotional-Behavioral Therapy, CEB-T)。顾名思义，它涉及三个层面的干预：思考、情绪和行为。

我发现，识别和处理与内在思想和外在行为相关的潜在情绪，对儿童和成年人都有益处，有助于解决问题和发展情绪技能。以CEB-T为基础，可以发展出适合课堂和家庭的方法。

8~11岁的男孩能够更好地融合思想和感受，因为他们发展了新的认知技能。他们不再仅仅依靠感官或直觉，他们能够观察、推断和得出结论。他们看到并能够理解，把一个又高又细的玻璃杯中的水倒入另一个又浅又宽的容器里后，水的量并没有减少。基于对生活细节更准确的观察，男孩自然会开始寻找如何处理情绪的提示。如果没有来自父母的指导，他们就会依赖“兄弟规则”。

8~11岁的男孩如何社会化

7岁以后，男孩与朋友、同龄人和家庭以外其他人的接触增多，也会继续参与团队运动。在这个阶段，男孩可能更倾向于参与全是男孩的球队，而不是小时候那种男女混合的团队。此外，他们可能发展出严肃的爱好（艺术、音乐、收藏），开始思考“我是谁”“我喜欢什么，不喜欢什么”。这个时期也是“兄弟规则”开始发挥影响力的时期。

▶“兄弟规则”的影响不断增加

为什么“兄弟规则”会在这个阶段，而不是更早期发挥作用？可能是因为男孩与家庭以外的人，尤其是其他男孩的接触增多了，而这些人都受到“兄弟规则”的影响。根据男孩的爱好、参与的活动，以及选择的朋友不同，有的男孩会比其他男孩更容易受“兄弟规则”的影响。例如，那些严格认同男性刻板印象的男孩会遵循“兄弟规则”，因为这显然是成为“真正的”男人的最佳方式。他会避开芭蕾舞课（即使他对舞蹈感兴趣），他会选择棒球、足球、曲棍球或任何其他“真正的”男人的运动（即使他并不真正喜欢它们）。简而言之，如果他正在寻求主流文化的认可，那么，相比那些选择更多样灵活的男孩，他在某种程度上会更愿意追随“兄弟规则”。

▶需要“兄弟规则”的替代方案

除了“兄弟规则”，主流文化中没有多少（根本就没有）可被接受的替代选项。不过，每隔一段时间，总会出现一个勇敢的男孩，在似乎别无选择的情况下，他也会找到其他选择。

我记得一个11岁的非裔美国男孩杰里米亚。他刚转学到一所新学校，他是那里为数不多的有色人种之一。在很多方面，这段时日对他来说非常艰难。在学校的生活本已十分不易，更何况他是新来的，又是少数族裔。他非常希望老师和同学们能接纳他、喜欢他。杰里米亚觉得参加体育运动对此能有所帮助。因此，他决定在六年级时先加入社区足球队，积累些足球方面的经验，一年以后再为校队效力。他觉得这样一来，自己肯定能交到朋友，赢得尊重。毕竟他是在按照“兄弟规则”行事。

然而，在第一场足球比赛之后，杰里米亚意识到自己根本不喜欢足球，用他自己的话说：“（足球）太可怕了……很痛……所以我退出了。”最有意思的是，杰里米亚并不为自己的决定感到羞耻，他没有掩饰自己脆弱的情绪，坦白地告诉爸爸妈妈和爷爷奶奶——他不喜欢足球，因为它很可怕而且会让人很痛。看到他处理这种情况的方式，那时我就相信杰里米亚最终会渡过难关的。他坚持忠于真实的自己，因为他发现自己还有别的选择，并且意识到在这种情况下，遵守“兄弟规则”对自己是不利的。

8~11岁，如何面对男孩的先天气质

前面说过的关于4~7岁男孩的大部分情况也适用于8~11岁的男孩。总体来说，无论男孩的先天气质如何，重要的是持续帮助他们指认情绪，并经常询问男孩对各种事情的感受。这个阶段最大的不同，在于同龄人的影响与男孩的气质，以及与他们表达情绪的能力之间的相互作用。或者更准确地说，“兄弟规则”的影响与男孩的先天气质如何相互作用。

▶更多的有利于“伸展”的工具

尽管先天气质的大多数特征在男孩整个童年和青春期都持续存在，无论是功能性的还是非功能性的，但并不是说人格特质是一成不变，无法调整的。男孩年龄越大，就会拥有越多技巧，可以弥补或向相反方向“伸展”自己的个性，而不是任由自己的个性发展。在很小的时候，害羞或敏感的男孩几乎没有什么认知技能可以帮助自己应对社交场合，对于有攻击性或易怒、易冲动的男

孩来说也是如此。年幼时，他们的感觉和生理冲动比认知能力“更强大”。

我曾经为一个脾气很糟糕的男孩做心理咨询。等他到了12岁，他发现在心烦意乱时可以“说服自己冷静下来”（他的原话）。他在9岁时就学会了不要乱打和扔东西，到12岁时，他能教爸爸妈妈如何在不高兴时冷静下来！

总的来说，这个年龄段出现的新认知技能提供了自我对话的可能性，有助于安慰害羞的男孩，让兴奋或易怒的男孩平静下来。在这个年龄段，父母可以而且必须利用这些新的、持续发展的认知技能来帮助孩子调节自己的个性特质。

8~11岁，父母如何改善男孩的情绪发展

如果男孩懂得如何指认自己的情绪，在此基础上，他们就需要学习如何识别和理解他人的感受。当然，练习这项技能可以而且应该从更小的年龄开始。但在8~11岁这个阶段，男孩拥有比小时候更强的认知能力，并且在这个年龄段的后期，他们开始有更多的抽象思维，这就帮助他们能够更好地从他人的角度看问题。

请记住，如果男孩在这个年龄段还不能很轻松地识

别或指认不同的感受，那么他就需要更多的练习，从而掌握这种基本的技能（其实，我建议这种练习持续进行）。父母可以帮助男孩了解他们情绪的复杂性，包括如何分析复杂的情绪，以及如何回应他人的感受。

▶一个有用的工具

教男孩如何感知和分析情绪，可以用一种我称为“远距离处理”的技术。它是指通过第三者来帮助男孩探索他们的感受或反应。很简单，就是询问：如果某某遇到了某种情况，某某会有什么感觉？这种询问同时提供了几种情绪技能的练习，包括指认情绪、对情绪的预期、如何分析复杂的情绪，以及如何同理他人。

这种技术对这个年龄段的男孩很有效，因为它让男孩和自己的情绪之间保持一定的距离，他们有了安全感。例如，如果一位母亲问儿子对自己的成绩单感觉如何，他会说：“我不知道。”如果使用这种方法，妈妈可以说：“你觉得某某（说出一个同伴的名字）对这样的成绩单会有什么感觉？”

▶他是“不知道”，还是“没感觉”

对于父母来说，重要的是要能够区分一个男孩是不想说出感受，还是他真的不知道自己有什么感受。这种区分很重要，因为父母的应对方式会因此不同。如果男孩是真的不知道自己的感受，那么他需要集中练习识别情绪。如果他确实知道，却不想说，那么，要么是隐私问题，他希望自己的界限得到尊重，要么他是在遵循“兄弟规则”。父母要分清楚是哪种情况，“忍而不发”和“保护隐私”之间的区别往往可以通过回应中包含的能量来区分。通常，如果是要求保护隐私，孩子回应时会表现出很强的能量。

▶继续让男孩对“兄弟规则”免疫

如果父母在这个年龄段提供指认情绪的日常练习，并且允许孩子表达情绪，那么男孩可能会免受“兄弟规则”对情绪表达的负面影响。

许多男孩不愿意玩有关情绪的棋盘游戏（有些女孩也这样），在这种情况下，可以做这样的简单练习：当他谈起学校发生的事情（任何事）时，父母先专注地倾听，然后就事论事地提问：“你对此有什么感觉？”如果孩子总是回答“我不知道”，那么就像前面说的，此时就该把重点放在识别情绪上。也许可以使用“远距离处理”技术来练习。久而久之，当谈论情绪成为家里的重要话题时，男孩的反应也会变得更加自然。

针对8~11岁的男孩，成人如何影响社区

▶微小却重要的步骤

日常生活中有很多机会让其他成年人看到：男孩表达情绪是一种很自然的行为。当一个男孩讲述他在学校或篮球场上获得的胜利时，我们可以当着其他成年人的面回应说："你看起来很自豪。"这就是在暗中鼓励其他成年人这样做。还有另一个例子，但这次出现的是消极情绪：约翰尼和一群男孩与他们的父母一起去参加"不给糖就捣蛋"的活动。没想到，当以约翰尼为首的一群人来到一家门前时，一个"无头人"从灌木丛中跳出来，冲他们尖叫："啊啊啊啊啊……我的头在哪里……你拿了我的头吗？"（他的手臂伸向约翰尼）。约翰尼的父亲看到儿子表现出自然的恐惧反应，马上说："哇！太可怕了！你肯定吓坏了，约翰尼……你的心有没有跳得特别快？"在其他男孩及其父母面前，约翰尼父亲的这种做法打破了"兄弟规则"，他示范了正常和健康的情绪表达方式。

▶标签的力量

我们来看看这个例子—— 一个错误如何影响整个校园。五年级有一个表现很差的班级，在一个学年中换了两位老师：第一位老师提前退休，第二位老师因为压力太大

而患病，第三位老师留下来了。到学年结束时，留下来的这位老师带出了一个成绩不错、表现良好的班级。这是怎么回事？原来，这位老师把放在教师办公桌抽屉里的学生储物柜号码表误认为学生的智商表（140、142、144……），所以他把学生当作非常聪明的孩子对待。当孩子得到尊重时，他们就回报以良好的行为和认真的学习态度。这个令人惊讶的故事展现了“旁观者之眼”的力量，个人有可能塑造和改变对孩子的天性和特点的期望值。我希望在更多的社区中，有更多人能以这样的方式帮助男孩的情绪发展。

从12岁到15岁

与较早的阶段一样，这个年龄段的孩子虽然不再出现新的基本情绪（比如生气、悲伤、害怕、快乐），但由于认知能力持续发展，这个年龄段的男孩应该能够感受和描述更复杂的情绪，例如愤慨、羞愧、兴高采烈和平和。与基本情绪不同，这些情绪中包含更多的认知元素，更耐人寻味。然而我经常发现，这些更复杂的认知情绪往往可以归结为一种基本情绪，因为我们可以将复杂的认知情绪（例如嫉妒）层层剥开，识别出其中潜在的基本情绪。愤怒和恐惧往往是许多复杂负面情绪的根源，而幸福则是积极情绪的根源。

在这个年龄段，随着抽象推理能力（“思考想法”的能力）的出现，男孩对自己的情绪也有了更多的认知，可以更好地调节情绪。社交线索对于塑造这个年龄段男孩的情绪表达尤为重要。“兄弟规则”会鼓励男孩压制和否定他们较脆弱的情绪，避免表达温柔或同情，不当众展示同情与爱。

如第1章和第2章所述，当男孩开始一次次地忽略自己内心的感受时，他们就不仅在公共场合掩饰自己的情绪，而且可能发展为根本感觉不到情绪的存在。这种类型的解离（dissociation），或者说将经历与意识分离，是为了帮助人类在创伤性经历中幸存下来。但是，如果男孩在日常生活中也感受不到自己的情绪，这会危害他们的心理健康。

在12岁前，男孩可能也确实会忽略自己的情绪，但在青春期的早期到中期，性别角色僵化到了残酷的地步。文化会向男孩施以更大的压力，要求他们隐藏痛苦，往刻板的阳刚气质方向发展。在青春期，男孩的情绪感受能力岌岌可危。我们的目标是防止这些情绪消失。

12~15岁，男孩如何社会化

身为这个年龄段的男孩，就意味着要严格遵守“兄弟规则”。只要能证明男孩不是懦夫，就会成为被追捧的规则。“兄弟规则”为“如何不成为懦夫”提供了明确的指导方针，攻击性、性能力和获胜对这个年龄段的男孩施加了强大的控制力。合作行为并没有受到高度重视。例如在美国，许多学校的初中部和高中部都提供同伴调解计划，允许同龄人在没有成人干预（或很少）的情况下通过共同咨询的方法自行解决人际冲突，但这些项目只吸引了少数学生。正是在这个阶段，男孩将“兄弟规则”视为引导他们度过青春期的指南针。因此，在这个阶段，父母和其他成年人必须更加努力地让男孩免受“兄弟规则”的影响。我们必须大力推广诸如同伴调解之类的替代方案——或者，哪怕只是谈论困扰我们的事情——以防止男孩仅仅依靠“兄弟规则”解决他们的关系问题和其他社交问题。

▶性能力成为主要社交优势

在此期间，主要的社交媒介仍然是家庭、同伴和课外活动。然而，在这个年龄段，性与浪漫开始引起一些男孩的注意。女孩不再那么讨厌了……但她们也说不上很“酷”。为什么这么说？在青春期早期，男孩无论如何都不能与“女性”沾边。根据“兄弟规则”，女孩的价值在于性感，而“男子气概”则部分取决于获得性知识和进行性活动。

男孩需要学会以其他方式看待女孩并与之建立联系。男孩可以与女孩建立更广泛和更健康的交往方式。在这个年龄段，男孩需要大量的性指导。所以，大人们一定要了解他们，以及他们的同龄人有没有遇到相关的性问题（还记得吗？前面提到的卢卡斯感受到了多大的同辈压力，所以才急切地想与女孩发生性关系）。问问男孩：他们有什么问题，有什么顾虑，有什么感受。

刚开始时，男孩可能会试图回避与父母（或其他成年人）讨论性问题。他们会发出粗鲁的声音，做滑稽的鬼脸逃避这种“亲密”对话。但如果大人愿意坚持下去，男孩迟早会冷静下来，并且能够谈论一些他正在经历的事情。继续这样的尝试，因为如果没有成年人指导，“兄弟们”就会主导这个重要的话题，并在这个基本问题上做出裁决。请记住，你虽然想知道男孩的感受，但不要窥探。这样做虽然不好拿捏分寸，但值得一试。

▶人际关系与交流

一般来说，这个年龄段的男孩之间似乎很少有严肃的人际交流。相比之下，女孩在人际关系中进进出出，同时还设法保持对永远的闺蜜（best friend, forever, BFF）的忠诚。男孩之间没有这样表达情绪和依恋的密码。相反，男孩似乎通过与“哥们儿”“闲逛”来满足他们对亲密关系的需求。一些实证研究发现，这个年龄段男孩之间的关系仍侧重于一起做某事，而不是彼此陪伴[1]，与童年的更早些时候一样。

男孩间这种间接的互动和交流方式经常被用到针对男孩的心理咨询治疗中。威廉·波拉克说，他在心理咨询中常会和男孩一起玩游戏，这样他们就能在交谈的同时有点事情可做。许多治疗师都会采用类似的方式，主要是因为这对男孩来说是更舒适和熟悉的交流方式。能与男孩轻松交谈的另一种场景（你可能已经发现了）是在开车时，男孩和其他人的亲密对话通常发生在他们并排坐着或站着的时候，他们会同时向前看，而不是对视。

▶家庭VS同伴

家庭对孩子，尤其是对青少年的影响究竟有多大，目前尚无明确的结论。罗恩·塔费尔（Ron Taffel）和朱迪·哈

---

1 Maccoby, 1990.

里斯（Judy Harris）认为，同龄人比父母更能影响青少年的生活，但其他人并不赞同这一观点[1]。青少年的确会在穿什么衣服、参加哪些社交活动，以及是否吸烟这类问题上受到同伴影响，但在更深入长远的问题上，父母的影响似乎更大。对于新发型好不好看、要不要在身上穿孔这些问题，父母似乎也能产生很大影响，因为这类行为背后真正的含义其实是：当我变成这样，你还认识我吗？你还会爱我吗？

在这个年龄段，男孩参加的活动往往受“兄弟帮”制约。但如果一个14岁的男孩已经对此有足够的免疫力，并且对自己的身份有足够清楚的认识，他就能确定爵士舞对他来说很重要，或者他会明白在学校不能扯女孩的胸罩带，并且会劝阻有类似行为的男孩。在这个年龄段，男孩想要打破“兄弟规则”，需要强烈的自我认知，将自己与群体分开。我相信来自家庭、同伴以及其他成年人支持性的情感关系就能培养这种强烈的自我认知，因为这些关系能镜映并验证男孩从童年到青春期的经历和感受。

1 Borkowski and Ramey.

12~15岁，应对男孩的先天气质

无论是害羞、冲动，还是完美主义或随和，12~15岁的男孩表现出来的基本气质特征与他们蹒跚学步时没有什么区别。不过现在，他们拥有更强大的“认知力”来应对自己的气质倾向。因此，随着男孩的长大，父母应对他们的情绪也变得更加容易。在这个年龄段，男孩的认知能力正逐渐接近成年人的水平。这个阶段与他们的气质特征互动的最佳方式，是像教练一样，帮助他们识别性格中哪些部分需要“社会化”练习，同时，一定要强化他们的优势。在成年人的帮助下，尤其是在认识到自身优点的基础上，男孩更有可能成功地理解和“伸展”他们的气质特点。

▶持续镜映与“伸展”

除了本章讨论的普遍原则，这个年龄段还可能出现以下问题：害羞的男孩需要（并且想要）学习如何在社交中更自如，尤其是在约会时。他们可能开始表现出害羞的继发症状：焦虑。他们不知道如何社交，或者不知道如何自处，所以他们需要有人指点，最好是一个常识丰富的成年人，他能向男孩解释如何应对社交方面的事。冲动的男孩需要学会延迟满足和应对无聊。在这个阶段，他们的活动范围更广，他们可能正在学开车。一个冲动的男孩驾驶一辆汽车，这简直是一个危险组合，需要密切监控。完美主义男孩必须学习（如果还没开始学的话）如何变得更灵活。面对学校生活和学业成绩是练习接受不完美的理想方式（不可能事事如意）。完美主义男孩通常需要注意的情绪技能是调节，尤其是愤怒管理和挫折管理。

“随和”或“硬汉”男孩的情绪需求可能仍然不明显。这些男孩似乎没有情绪，因为他们要么看起来一切都好，要么就是用性别角色刻板印象掩藏了自己的感受。大人们必须记住，如果男孩得不到练习表达情绪的机会，“兄弟规则”将成为他们的参照。无论哪种气质特点的男孩，都是这样。

12~15岁，父母如何改善男孩的情绪发展

青春期中期的男孩深受严格的性别角色的局限，因此父母面临的最大挑战之一，是找到一种方式，能允许男孩质疑流行的文化规范并走向“反文化”（与主流文化相反）。这个年龄段男孩的“反文化”，指的是不要一味追求男子气概、冷漠无感……并且要适当打破“兄弟规则”。

▶打破媒体的影响

父母和男孩一起看电视节目和电影是教他们如何以

"反文化"方式思考的好方法，同时还可以了解他们会受哪些因素影响。电视情景剧、音乐视频和大多数杂志都以非常扭曲的、具有攻击性且性感化的方式呈现性别关系，所以帮助男孩"解构"媒体信息很重要。大人可以做的事情包括对男孩看到的内容进行挑战和质疑，并询问他们对所见所闻的看法，解构媒体可以采取当场提问的形式（例如，"你认为大多数男性在现实生活中真的是这样吗？"），或将媒体信息放到更广泛的背景中讨论（例如，"你赞同那部电影或广告所传递的信息吗？"）。

大多数时候，媒体传递信息的方式是如此微妙、如此迅速，以至于我们来不及质疑。有一次我尝试和两个孩子——一个8岁、一个12岁——讨论电视广告。我们刚讨论完一个，马上有另外四个广告在我们面前闪过。"信息"的冲击是如此无情，它就像一种洗脑的形式。绝大多数关于性别的媒体信息都非常刻板，并且忠于"兄弟规则"。

开会时男人总是坐在桌首主持会议，男人总是不断将女性从危险中拯救出来（通常是从其他男人手中）……这类信息常见且明显，从汽车广告到电影剧本、音乐视频，无处不在。直接询问男孩对此类信息的想法和感受，然后一起讨论，这可能并不容易，但值得一试。

▶消失的情绪

无论父母在此之前对孩子的情绪发展做过多少努力，到这个阶段，男孩的情绪表达似乎还是会消失。我不是说这个年龄段男孩的情绪真的消失了（真正消失意味着男孩再也感受不到他们的情绪了）。从12岁到15岁，即使是情绪基础良好的男孩，通常也会对别人隐藏自己的感受，但不会对自己隐藏。如果男孩确实不再有情绪感受，就需要被密切关注，必要时寻求心理咨询。

针对12~15岁的男孩，成人如何影响社区

对于这个年龄段的男孩，社区的影响力是广泛的，音乐、体育、同伴、媒体信息和互联网是主要的社交媒介，父母一定要关注这些社会影响。幼儿园时期，父母会为孩子挑选玩伴，为他们选择要读的书、要看的电视节目。在很大程度上，在青春期中期，父母仍然应该这么做。但现在，社区以及更大的社会力量会吸引他们脱离家庭的影响。相应地，父母也必须增强自己的影响。不仅如此，文化正因科技进步而迅速改变，父母也需要学习如何迅速应对。

▶音乐产业

歌词常常会表达情绪，有时甚至对“兄弟规则”发

起挑战。U2乐队获得格莱美奖的歌曲《美好的一天》(*It's a Beautiful Day*)就不是一首典型的男性摇滚乐。猫头鹰和河豚(Hootie and the Blowfish)也是如此，这支由男性组成的乐队在20世纪90年代后期有一首热门歌曲，其中有这样的歌词："我就像个小宝宝，是的，海豚也会让我哭泣……"听一位非裔美国男歌手用浑厚的嗓音唱这首歌，无疑提供了"兄弟规则"之外的另一种选择。

男性音乐家可以做到既打破"兄弟规则"、为男孩提供"反文化"的榜样，同时也能以摇滚明星的身份声名大噪，这只是其中的两个例子。

▶聊起男孩

父母和其他成年人影响社区的另一种方式，是以共情而非竞争的方式谈论男孩。这可以从两个成年人之间的简单对话开始。一个成年人对另一个成年人说："你一定为罗伯特获得的学术成就感到骄傲……他对此有何感想？"或者"上周比利被停学，这对他一定是个沉重的打击，他感觉怎么样？"这种对话为其他父母示范了如何共情，同时也提醒他们留意孩子的情绪。就是这些小小的种子——与"兄弟规则"背道而驰的种子，就可以在邻里间、在社区中扎下根来。

从16岁到18岁

到了这个年龄段，父母往往会把男孩看作“小大人”。就许多方面而言，的确如此。在这个年龄段，前额叶皮质（负责高级推理功能）的发展更接近完善。大脑的这个部分在情绪发展中很重要，因为除了持续整合情绪与思维以外，这些新的认知技能还让男孩可以分析、推断和“思考”复杂的情绪。到青春期结束时，男孩应该拥有必要的工具来感受和表达他们的情绪，能够融合、分析、调节和同理。但你也知道，有许多社会力量在施加影响，会加强或削弱这些工具的作用。

虽然有了新的认知和情绪技能，但据我观察，到了青春期后期，许多男孩都不表达自己的情绪。这种缺乏情绪表达的情况虽然可能发生在任何年龄段，但通常是在青春期后期，男孩往往会减少情绪表达。目前尚不清楚这些男孩仅仅是不想表达情绪，还是真的没有感受到情绪。

体验情绪与表达情绪之间的区别对心理健康而言意义重大。如第1章所述，当一个人无法感受到自己的情绪时，他/她的情况属于述情障碍（alexithymia，顾名思义就是“没有能表达情绪的词汇”），指的是没有感受情绪的能力。如果男孩或男人出现述情障碍，又没有头部外伤史，那么可能是社会力量削弱了他们与生俱来的感受能力。

16~18岁男孩的社会化

“兄弟规则”为这个年龄段的男孩制订了一些非常明确的规矩：开车、参加运动，并且更加独立。不从属于这种主流文化的男孩可能会选择反其道而行之，这样的男孩并不把“兄弟规则”看作唯一选择，并且非常自信。也有一些男孩忠实地遵守“兄弟规则”，但总有些不太合群。这些男孩可能会被嘲笑、被孤立或被贴上“同性恋”的标签。他们常常感到孤独和痛苦，因为虽然已经尽了最大努力，但还是很难融入群体。讽刺的是，合群的男孩即使遵守了“兄弟规则”，也可能感到孤独和痛苦，只不过他们不必承受嘲笑和社交排挤带来的痛苦而已。

▶里程碑

在即将成年的这个年龄段，大多数男孩依旧靠着熟悉的“兄弟规则”步步前行。“不要害怕”和“要独立”是驶向成年人之海的两个重要原则。不过，在这个年龄段，新的法令出现了，男孩走向世界必当为自己扬名立万。

这个年龄段的男孩明显感受到了压力，以前他们可能也有感受，但现在必须交出成绩。不幸的是，这种“要功成名就”的不切实际的期望成为一种压力，无论以什么标准衡量，它通常都会导致男孩产生持续的挫败感和“不够好”的感受。带着这种挫败感进入成年期，可能其一生都会深受困扰，尤其是当情绪没有得到指认时。

成年期迫近（除了上大学，他们还可以参军、可以投票，在美国的许多州还可以买酒并进入夜总会、可以结婚，等等），然而我们很难了解这些男孩是否思考过成年意味着什么，更别提他们对“成年”这个概念是否有任何感觉。事实上，如果男孩在整个青春期都遵循“兄弟规则”，那么现在他们已经学会在某种程度上保持坚忍无感：无论是积极的情绪还是消极的情绪都会被掩盖、被压制。即使在面对自己最信任的人时，他们也会掩饰自己的情绪。

这个年龄段的男孩，在限制情绪表达方面也有例外，最典型的就是对女朋友。当男孩发现相互信任和探索亲密关系的好处时，女孩就会在男孩生活中成为一种积极的、确定的力量。不过，由于青春期的恋情很少能持续到高中以后，所以当恋情结束时，男孩与“最好的朋友”的关系也随之结束。分手后，男孩身边就不再有任何可以倾诉心事的人了，这往往是男孩开始主动寻求心理咨询帮助的时期。尽管咨询可能对他非常有帮助，但在这个年龄段，“兄弟规则”会建议男孩用其他方式来疗伤。饮酒和其他危险行为可能被认为是应对成长焦虑更可接受的“技巧”。我们需要帮男孩重新与恐惧和勇气联结，并教给他们其他应对方式。

16~18岁，应对男孩的先天气质

随着男孩接近成年，他们在这个阶段表现出的气质可能会伴随一生。事实上，在18岁以后，我们用得更多的词是“个性”。这并不是说“随和”的男孩就没有难过的时候，或者害羞的青少年就一定会被冷落。这只是意味着他们保持下来的气质倾向可能会持续到成年。但即使气质不变，男孩在成长过程中的不同经历也会导致不同的行为结果。例如，一个害羞男孩如果一直在锻炼社交技巧，一个冲动的男孩如果接受过延迟满足的训练，那么与其他没有机会向反方向“伸展”个性的男孩相比，这些孩子的行为举止就会不一样。

▶倾听和谈论情绪

这是男孩人生的转折时期，因此也是调整他们情绪的重要时期。不管性情如何，一个男孩肯定会对开车、参加毕业舞会、上大学、入伍这类事情感到兴奋，也会对同样的事情感到害怕或悲伤，尤其是如果他被毕业舞会拒之门外，或者没有考上自己的首选大学。在之前年龄段使用的方法现在可能仍是最好的：确认他们的先天气质，帮助他们利用自己的优势并向相反的方向伸展。然后，邀请他们讨论自己和他人的感受。

男孩在这个年龄段做出的人生决定可能与自己的气质有关，因为父母对孩子的重大决定的影响很深，所以他们必须了解孩子的气质与高中之后的计划及未来职业生涯之间的相互作用。更具体地说，当男孩开始选择大学和职业时，父母可以提供的帮助是，不要强迫他们选择与自己的气质“不相称”的大学、专业，或者工作/职业。举个极端的例子，害羞的男孩可能不会对销售或出庭律师这类职业感到自在，而冲动的男孩则很难做好外科医生。父母现在能做的最好的事，就是实事求是地看待孩子的个性，引导他们做出合适的人生决定。这就是父母可以为孩子成年后的情绪发展所做的贡献。

16~18岁，父母如何改善男孩的情绪发展

鉴于当今社会的迅速变化，这个年龄段显然是男孩

需要谈论情绪的阶段。他可以开车了，在美国某些州，他也快到法定饮酒年龄了。他现在一只脚在家里，另一只脚已迈出门外，朝着更加独立的方向前进。

▶饮酒

男孩的父母必须清楚地认识到，“兄弟规则”是如何诱使男孩认为“饮酒没什么大不了”的，这是一种“男孩就该这样”的思维。对于这个年龄段的许多男孩来说，尤其是在大学第一年，“喝得烂醉”是美国式的“成年礼”。

讨论这个话题就得另写一本书了，但这里要告诉父母的最重要的信息是，你认为自己的儿子没有喝酒，你很可能错了。我在临床实践中遇到过太多这样的情况，男孩很少承认他们在喝酒，就算他们承认了，也会说没喝多少，就好像他们虽然知道不妥（所以才会隐瞒），但依然这样做一样。因为这在美国的文化中是完全被认可的，父母和其他成年人必须设法改变“兄弟规则”中有关饮酒的观念。

▶谈话依旧重要

在孩子达到一个个社会发展里程碑的过程中，总有情绪需要得到指认和处理，不必刻意或者过于严肃地对话。与以往一样，这种讨论可以很简单。比如，在他通过（或没通过）驾照考试时、在他被自己首选的大学录取（或拒绝）

时，简单问一句："你感觉如何？"促进这个年龄段男孩情绪健康发展的另一种快速有效的方法，就是"保持沟通渠道畅通"。让男孩知道他们可以随时与父母谈论任何事情，哪怕是小事，也很有帮助。每天留出时间（甚至几分钟）与男孩在一起，这很有意义。不需要有预先安排的活动，也不要被其他事分散注意力，在这样的时刻，谈话会自然发生。

▶开车

男孩在这个年龄段面临的最大危险之一是车祸。在这方面，父母和其他成年人最好用对待女孩的态度对待男孩。一个好办法是自问：我是否允许孩子每天开车去上学，或者在他们拿到驾照后立即开车去城外听音乐会。或许，在驾车方面保护好男孩会帮助他们了解自己并不是坚不可摧的机器。在这方面，父母往往因为害怕打破"兄弟规则"而没有保护自己的孩子。

同样，也是"兄弟规则"使男孩在开车时不能遵守常识。很多十几岁的男孩（和其他人）因为鲁莽驾驶（车速太快、车里太多人、受酒精和药物的影响）而死亡。男孩们需要知道，开车与是否强硬或"酷不酷"无关。成年人可以想办法扭转公众在这方面的认知，这样我们才能避免葬送这么多年轻人。

▶性行为

尽管男孩可能会在更早的时候就发生性行为，但我选择在这个年龄段讨论性活动，是因为我相信：男孩在与另一个人发生性关系之前，越成熟（即年龄较大）就越健康。我假设父母已经和孩子谈论过他的性欲（手淫、性取向、性行为），并且，我假设父母已经跟孩子讨论过我们身处的这种文化如何促进男孩的性亢奋（色情媒体、色情书刊都夹杂着暴力和性权利）。但是，在男孩生命的这个阶段，重要的是谈论他在与他人发生性关系时的感受。我想说的不仅仅是如何进行“安全性行为”，我鼓励父母与男孩谈论他们对这种亲密而强烈的体验……以及与之相关的所有结果的感受如何。通常，在面对与性相关的各种问题时，男孩只有“兄弟规则”可供参考。

我一个亲戚的儿子快18岁了，他想和女朋友在她哥哥的大学过夜。尽管母子俩都同意，他可以随时随地与女友发生性关系（也就是说，他不必去附近的大学就可以这样做），但当妈妈问儿子：“史蒂文，你真的准备好为人父母了吗？”男孩陷入了沉思（在之前的讨论中，妈妈曾问他是否真的想要一个孩子，而准备好成为“父母”这个问题又有了不一样的含义），结果儿子不再要求与女友过夜了。尽管有现成的避孕方法，但性行为依旧关系到为人父母这个重要问题，男孩需要理智地与他人进行讨论。

▶毕业

关于男孩高中毕业后的规划，父母要记住的最重要的一点是，男孩需要和女孩一样多的社会和情绪支持，但他们可能不会用语言表达这种需要。例如，一个18岁的男孩可能不会主动说："我真的很害怕高中毕业。"然而，他的感受在那个夏天可能会通过别的方式表达出来，比如过量饮酒、熬夜或整日打球。这些分散注意力的方式会让最敏锐的眼睛也觉察不出藏在后面的强烈感受。

针对16~18岁的男孩，成人如何影响社区

当男孩即将成年时，文化力量往往会创造和加强某些与男子气概相关的僵化的特质（必须独立、必须坚强）。其中一些特质也会影响女孩，但关键的区别在于，在面对驾车和高中毕业后的规划时，女孩可能会比男孩获得更多的情绪支持。这个年龄段的男孩也切实需要谈论他们对这一切的感受。

▶榜样

在这个年龄段，家庭可以为男孩提供更多的情绪支持，而不是强化那些常与男子气概相关联的坚忍，这样的示范也能影响社区。独立很重要，但相互依靠也很重要；

坚强很重要，关爱更重要。每当有社区聚会时，父母都可以加强或重塑情绪规范。

例如，当一个17岁的男孩在游泳池嘲弄年幼的男孩时，一定不要容忍这种情况，不要因为“男孩都这样”就视而不见。父母对那个17岁的孩子说：“嘿，别这样！”“如果我对你那样做，你会有什么感觉？”如果我们的话语是带着关心而不是羞辱，就能在当时教给孩子什么是同理心。这样做也挑战了“兄弟规则”。

达到同样目的的另一种方法，是称赞大男孩在公共场所表现出的关爱行为。我曾经在一次社区聚会上，称赞一个17岁男孩将妹妹照顾得很好，而且是当着男孩朋友的面这样做的。他咧开嘴笑了。这些行为看起来只是小水滴，却也能汇聚成海。

▶枪支

媒体报道的美国校园枪击案涉及初中和高中的男孩，这个话题超出了本书的范围。然而，对我们所有的美国人来说，重要的是要思考如何教育男孩，如何引导他们重新思考关于获得、拥有和使用枪支的情况。当然，还有他们对使用枪支的看法。

▶酒精和毒品

与携带和使用枪支一样，孩子可能在更小的时候就接触到酒精和毒品，但是在这个年龄段，美国社会文化和“兄弟规则”开始公然允许他们尝试喝酒和吸毒，尤其是对男孩。成年人，比如教师、管理人员、医疗专家、教练和邻居等可以通过多种方式帮助改变这些规条：(1) 不要将饮酒和吸毒视为“男孩都那样”。(2) 将酗酒和吸毒看作(暂时)赶走问题、(暂时)帮助社交和麻痹情绪的应对技巧。(3) 不要对男生喝酒、吸毒视而不见，首先要告诉他们不可以这样做，然后告诉他们的父母。(4) 不要鼓励未成年人饮酒，不要允许男孩在家里或聚会上喝酒。

如今，美国的一些大学已经意识到饮酒可能造成的危害，开始出现一种反对古老传统(比如在联谊会或球赛后的聚会中狂饮)的趋势。现在，在足球比赛和大学赞助的一些活动中宣传不喝含酒精的饮品正在成为一种常态。当规范发生变化时，男孩可以看到他们还有别的选择。当男孩做出这些选择时，重要的是不要让他们因为拒绝“兄弟规则”而感到羞耻。当别人羞辱他们时，一定要帮助他们渡过这段经历。这些在每个年龄段都很重要，真的。

第四章

男孩与情绪表达

男孩表达感受往往是通过行为，
而不是语言。

——帕蒂·阿特金斯·诺埃尔（Patti Atkins Noel）小学咨询顾问

3岁的约翰看完电影《狮子王》后，一连好几天都在房子里爬来爬去，像狮子一样吼叫。爸爸想尽办法也不能让他停下来。直到父子俩第二次一起看了这部电影，爸爸才发现，“刀疤”和木法沙的打斗，以及木法沙的死把约翰吓坏了。

迈克尔二年级时天天肚子痛。他非常害羞，他的班级里非常嘈杂，常有各种出其不意的状况发生。随着期末临近，这种嘈杂混乱的情况变得更加严重，最终让他无法承受。他既焦虑又担心，却无法用语言表达这些感受，所以他的肠胃帮他表达了。

10岁的雅各布在比赛中没有进球，错失制胜一分。他虽没有跟任何人说过自己的真实感受有多糟糕，但在比赛结束后的整整一周，他天天和妹妹起冲突。

大卫和女朋友在他大三那年年末分手了。他们从高中一年级就开始约会，她是他唯一的朋友和知己，这是大卫在第五次家庭治疗时透露的。他是因为企图自杀而接受治疗的。

前面的每一个（真实的）小故事都是一个情绪表达的例子。情绪表达是指一个人表现出积极情绪或消极情绪的外在方式，包括声音和手势，从“高兴地跳起来”到“跺着脚上楼梯”，以及“砰地关上门”等各种行为。情绪压抑则是情绪表达的一种特殊形式，指的是这种表达的狭隘化或钝化。在极端形式中，压抑情绪的人无论悲喜，都以同样的方式向他人展示自己。“无感”(stoical)这个词抓住了情绪压抑的本质。这个词来自一个古老的哲学学派——斯多葛派，该学派教导智者应该远离所有的激情，不为欢乐或悲伤所动。在现代世界，我们认识到这种情绪限制可能会对一个人的身体、心理和精神健康有害。通常，当男孩试图保持坚忍无感时，他们的感受会“拐着弯”表现出来，就像约翰、迈克尔、雅各布和大卫一样。

聚焦情绪表达

遗憾的是，“情绪”“情绪化”“感受”这些词往往带有负面含义，而且不仅对男孩如此。如前所述，“别那么情绪化”的说法通常被用作贬义。我想提供一种认识情绪的不同方式，我相信所有的情绪都很重要，没有哪一种情绪更好或更差。如第1章所述，从生物学角度来看，情绪是人类的一个自然组成部分。尽管情绪本身不是问题，但人们应对情绪的方式可能会产生问题。简而言之，差别在于人们如何应对情绪。

有了更广阔的视野来看待情绪价值，接下来的关键就是检查积极情绪（例如，快乐和自豪）、消极情绪（例如，悲伤、愤怒、恐惧）与男孩产生情绪的条件和行为之间的关系。一种方法是求得平衡，如果男孩只能接触到一类情绪，那么这些情绪就会得到最充分的发展。例如，如果男孩总是表现出愤怒而且从不觉得开心，那么无论是他的外在还是内心，愤怒都会成为一种更强烈的存在。他感受愤怒多过快乐，就像只用身体左侧举重，失衡了。

许多理论家和研究者认为，积极情绪有助于“拓宽和打造”思考—行动（thought-action）的行事方式，甚至可能会消除消极情绪的影响[1]。

男孩的“侧面情绪”

锻炼情绪的方法之一是表达，这种情绪技能与身心发展有关。口头表达是表达感受最方便有效的方式，幼儿

1 Frederickson, 2001.

只有先学会各种感受的名称，才能说出它们。如果缺乏相应的词汇，情绪就会通过行为表达出来。如果在这个过程中男孩了解到表达情绪是不可接受的，他们就会继续使用这种“年幼”时的行为模式来表达感受。最终，如果男孩（和其他人）继续忽视其感受，他们的情绪几乎会“消失”。

如果情绪没有得到表达，它们就被隐藏在心灵和身体中。情绪不会真正消失，它们只是“侧面”或间接地作为身体方面的症状和行为问题出现。年龄小的孩子用来表达情绪的身体症状通常是肚子痛和生病，而年龄较大的青少年可能会通过抑郁、高风险行为、药物滥用和自残来表达他们的情绪。

本章开头是四个侧面表达情绪的例子。口头表达虽是最有效的传递需求的方式，但没有一个男孩这样做。为什么这些男孩不直接说出困扰他们的事情？这一现象是由文化和发展的许多因素造成的。“兄弟规则”肯定是其中之一，而男孩的语言发展则是另一个因素。

必须牢记的是，如果潜在的情绪没有得到口头表达和有意识的处理，情绪能量就没有消失，它必须被发泄出来，如果不能被直接发泄，它就会另谋出路。就像一个散热器，它会通过阀门让蒸汽从侧面排出来，以释放压力。

正如本书再三强调的，这种情绪的侧面表达包括攻击、抑郁、发脾气和自残等行为，还有腹痛、头痛和惊恐发作等身体方面的症状。幸运的是，情绪表达技巧是完全可以习得的。

引导年幼男孩表达"侧面情绪"

如果查尔斯能够在看电影的过程中说"我很害怕"（或者如果他捂着脸说"我不想看这个"），那么他的父亲就会知道要安抚儿子的恐惧情绪。直接表达这种感受的好处是，查尔斯会知道自己的感受是真实的，它们很重要，并且凭借一些帮助，恐惧的感受就会消失，这就让这个3岁的孩子更有安全感。当他不再害怕时，就不必为了保护自己在家里不停地咆哮。

迈克尔的肚子痛显然是在表达他的心烦意乱（别忘了，胃中有接收来自大脑的情绪信息的受体）。我们假设，在这种情况下，没有办法避免迈克尔肚子痛，我们还假设他的情绪唤醒系统（arousal system）很容易崩溃，许多害羞的孩子都有这种情况。因此，与其建议迈克尔通过语言表达来预防肚子痛，不如想想如何让他可以与他人谈论自己的情况，通过这种方式让肚子痛的感觉消失。实际情况正是如此，迈克尔和父母谈论了他的感受。他的父母告诉他，向他们说出自己的感受，肚子痛的情况可能会好转。后来，迈克尔的父母做了一张小小的写着“咒语”的纸片，迈克尔把它放进牛仔裤的口袋里。咒语是这样写的：我有点害怕，但我会没事的，肚子痛啊肚子痛，你走开！

每天上学的时候，迈克尔都把那张已经揉旧的纸片塞进裤子口袋里，果然有效！“咒语”的用词是精心选择的，必须解释一下为什么这么写。迈克尔坚持使用“我会没事的”这种说法，而不是原来的“会没事的”，因为他知道自己需要得到抚慰。孩子其实是真正的情绪专家。

这种干预还需要一些家庭中的行为管理作为支持，比如贴在冰箱上的表格。每次迈克尔将自己的感受告诉父母、每次他让肚子痛的感觉消失，他们就在表格上贴一张贴纸……第一周后，肚子就不痛了（这样的图表通常在一两周内最有效）。他们将表格继续贴了一段时间，以提醒全家人继续分享自己的感受。

处理较大男孩的“侧面情绪”

如果雅各布能够告诉爸爸妈妈和教练“错失制胜一球，我真的非常失望和羞愧”，那么他就可以进入释放与他的情绪相关的生理化学物质的必要过程。但是，雅各布却通过欺负妹妹来“处理”(process)自己的情绪。在心理治疗和心理危机汇报中，“处理”指的是谈论与强烈情绪相关的事件。这些事件可能大至造成可怕的创伤，也可能微小到每天发生。处理情绪通常需要在一段时间内进行很多次，对于创伤性经历尤其如此。无论大人还是孩子，通常在事件发生后立即谈论自己的感受会更有帮助。他们可以继续谈论，直到这些情绪被完全处理好。

同样，对男孩来说，首要目标是体验或感受自己的情绪，其次是通过谈论来处理情绪，而不是通过偏差行为“表现”情绪，或者让情绪“消失”。如果雅各布把自己对失球的失望讲出来，他可能就不会让情绪脱离意识，并且以伤害妹妹的方式“拐着弯”地表达出来。雅各布把自己的感情隐藏得非常好，爸爸妈妈很难看出藏在他的攻击行为背后的强烈的失望情绪。最终的结果是，雅各布没有学会如何以一种健康的方式应对失败，以及失望的感觉。对于许多男孩来说，这种掩饰失望而不处理的模式会使其转化为耻辱。背负耻辱对任何人的身心健康都没有好处。

第四个小故事是一个极端的例子，呈现了情绪如何以企图自杀的方式从侧面表达出来。大卫年龄较长，他的家人很少谈论感情，所以他早就学会了忽视自己的情绪。在一次家庭治疗中，大卫透露他也想伤害自己的前女友。至于为什么没有这么做，他也说不清楚。他也不能保证不会再试图伤害自己（这就是他仍然住院的原因）。住院期间，他的治疗进展非常缓慢，他不记得自己有过任何情绪。但随着个人和家庭治疗的持续进行，大卫一家开始了缓慢而艰难的工作，“消解”大卫之前漠视情绪的一切所学。

“锻炼”男孩的情绪表达能力

如果男孩漠视情绪，他们可能会完全失去体验或感受情绪的能力。一个解决方案是设法让这种情况不要出现，另一个解决方案是定期干预和锻炼男孩进行情绪表达。锻炼的方式在不同的情况下会有变化，一般来说，情绪锻炼能帮助男孩发展并掌握一系列情绪技能。

“融合”：一种重要的技能

情绪可以通过我称为“融合”的技能来转化。当一种情绪与思维或另一种情绪“混在一起”时，就会发生融合，尤其在试图调节愤怒和恐惧等强烈情绪时，融合特别有用。可惜我们的文化更看重思考和理性，而不是感觉和情绪。然而，正如这本书中反复强调的，思考一定伴随着相应的情绪。事实上，一些理论家[1]认为，每一种情绪都会有一种思想与之整合共存。这意味着思想和情绪本来就是交织在一起，不可分割的。

试试这个小练习——停止阅读并思考以下词语/词组。花点时间好好想想，留意每个词语/词组伴随着哪些情绪：死亡、金钱、圣诞节、婚姻、锻炼、巧克力、离婚、中彩票……如果我们肯花时间留意和感受，情绪就在那里。

▶将情绪与思想融合

融合被应用于男孩的情绪发展，意味着男孩与照顾他们的成年人都需要注意男孩思想中的情绪层面。情绪与思想融合的最终结果是控制和掌握。用语言表达情绪，这个简单的行为就是情绪与思想融合最常见的形式。这样一来，情绪就不再只是身体中的一种化学感觉。从生化反应到融合思想与感受，这种转变的一个很好的例子是迈克尔父母给他的便条（“我感到害怕，但我会没事的”），这种融合让迈克尔能够“倾听”自己的肚子痛，并帮助他调节一些强

1　Powers, Welsh and Wright, 1994; Salovey and Sluyter, 1997.

烈的情绪。

其他将情绪与思想融合的方法包括：（1）向信任的人口头确认和表达感受；（2）自我对话（在心里自言自语）；（3）定期写下或“记录”自己的感受。这种情绪技能最重要的好处或许是：它为男孩提供了将感官体验转化为有意义的感觉和想法的机会。

▶将情绪与情绪融合

融合不仅仅涉及思想，一种情绪也可以与其他情绪融合，如消极情绪可以与积极情绪融合。事实上，正因为如此，我们在生活中的大部分时候才不会感觉太糟糕，比如悲伤时能感受到安慰，害怕时也会感觉安心。积极情绪与消极情绪融合的结果是，男孩可以更好地应对和调节自己的情绪。这可以被看作一种获得平衡的行为。感受到太多的悲伤而没有得到足够的安慰，或者感受到太多的愤怒而没有看到足够的希望，都是不平衡的情绪体验。当男孩被负面情绪压倒时，冷漠和抑郁有可能成为固化的模式。因此，将积极情绪与消极情绪融合起来，有助于获得平衡的情绪体验。

同样重要的一点是，当一种负面情绪与其他负面情绪混合时，会形成层层堆叠的负面情绪。如果情绪没有得到处理，它们只能被一层一层地叠加。例如，当雅各布对自己没有踢进制胜一球感到失望时，他的失望中夹杂着愤怒，后来又加入了羞愧。谈论感受也许能防止雅各布的负面情绪被层层积累。

积极情绪

男孩的积极情绪也需要锻炼。积极心理学不是一门新的科学，但它开始受到更多关注。马丁·塞利格曼（Martin Seligman）是该领域的先驱，作为一位心理学家，他早期研究“习得性无助”，在后来的职业生涯中研究“习得的乐观”。积极心理学研究包括智慧和毅力等特征，以及喜悦、希望、幸福和爱等积极情绪如何影响儿童和成年人。[1]在日常生活中能够感受到积极情绪的男孩可能比没有这种情绪体验的男孩更健康，适应性更强。

你也许会好奇，什么样的男孩没有感受过积极情绪，其实任何男孩都有可能，真的。只要他身处一个限制他体验和表达喜悦、希望、自豪感和爱……的环境，包括饱受战争蹂躏国家的男孩、所居住的社区受到飞车及枪击恐

1 Seligman, 1998; Seligman, Reivich, Jaycox and Gillham, 1996.

吓的男孩，或者长期受到虐待和被忽视的男孩。我相信，如同不少作家和学者指出的，“典型的美国男孩”也处于危险之中，因为他已经学会了限制自己情绪的体验，不表达情绪。

男孩生活中缺乏积极情绪是很严重的事，原因有这样一些，其中最明显的是，这些男孩被剥夺了充分体验生活中各种经验的机会；另外一个是积极情绪在情绪融合中所起的相互依存作用，积极情绪可以帮助保持情绪平衡。如果男孩缺乏积极情绪，那么他们只剩下消极的那一半体验……恐惧时得不到安慰，愤怒时得不到理解，只有失望没有乐观，只有绝望没有希望。

▶情绪表达对男孩的好处

确认和表达（“锻炼”）男孩的积极情绪和消极情绪的好处可以总结如下：

（1）释放生理层面的紧张以防止身体出状况。（2）释放心理层面的紧张，预防述情障碍（无法用言语表达感情），以及抑郁、焦虑、行为失常等由心理矛盾导致的问题。（3）提供与思想及其他情绪融合的机会。（4）平衡积极情绪与消极情绪的机会。（5）防止男孩的情绪“消失”——转入“地下”，并以另一种形式重新出现。

情绪表达的“神经”

吮吸拇指、哭泣、前后摇晃、运动和交谈，它们有什么共同点？答案是，它们都是情绪表达的形式，因为它们都是通过某种方式让自己“感觉更好”。这是生理和心理之间无可否认地发生关联的重要方式之一。

再谈情绪的生理与感觉

吸吮拇指和摇晃身体之间，至少有一条共同的生理线连接——迷走神经。当这些行为刺激到迷走神经受体时，血压下降，心率降低，这种生理反应被称为“迷走神经张力”[1]（vagaltone）。迷走神经受体将信息从大脑传送到心脏、肺、胰腺、肾脏和大肠。真是厉害！迷走神经是体内为数不多的与众多器官相连的神经之一，它还负责协调肾上腺和杏仁核（在大脑中）之间的交流，帮助做出停止向各种身体器官输送肾上腺素的决定，这反过来又有助于身体恢复平静。有趣的是，迷走神经也受到研究者的关注，成为治疗情绪障碍，特别是抑郁症的焦点。

1 Katz and Gottman, 1995.

▶自我安慰

男孩需要学习自我安抚的技巧。增强迷走神经张力，至少是他们用来让自己平静的一种方式。吸吮口腔后上方可以刺激迷走神经的一端，因此吮吸拇指有助于增强迷走神经张力（幼儿即使不再用奶瓶吃奶，也依然喜欢吸吮，或许就是这个原因）。摇晃也可以增强迷走神经张力，因此父母时常抱着孩子来回摇摆，或者孩子喜欢摇晃，也就不令人意外了。

同样，哭泣这种情绪表达的方式也是一种自我安慰的行为，可以降低身体的回应性，减少主导压力反应的压力荷尔蒙的分泌，使人产生平静的感觉。因此，哭泣或许有助于降低皮质醇水平。从这个角度来看，哭泣事实上可能会防止一些孩子出现更激烈和失控的行为。但是，由于男孩很小就学会了不哭，因此他们很少有机会使用这种情绪技能。

▶运动与交谈

运动与交谈是最能被社会接受的两种情绪表达方式，它们是调节情绪和自我舒缓的健康方式。你可能没有想过运动与情绪有关，但运动显然具有生理上的镇静作用，难怪男孩们总被各种运动项目吸引。问题是，运动的器械或场地并不是随时都能找到的。

交谈是表达情绪最便捷和最能被社会接受的方式。它可以帮你缓解紧张、处理悲伤、消解愤怒，让你从失望或任何其他不愉快的情绪体验中走出来。前提是，你不是男孩——男孩谈论感情违反了“兄弟规则”。

大多数男孩在不同年龄段会采取不同的形式表达情绪：哭泣、吮吸拇指、摇晃、打/踢、运动或交谈。男孩在不同年龄段，面对不同情境时，需要不同形式的情绪表达方式。第5章和第6章将讨论同理心的作用，以及攻击性的社会化（socialization of aggression）如何影响男孩的情绪表达方式。另一个影响因素则与情绪调节有关。

情绪调节

情绪调节是指一个人在面对强烈的消极情绪或积极情绪时，仍然可以组织和完成手头的必要任务的能力[1]。简而言之，就是“应对”。对于一个男孩来说，这可能意味着在课间激烈的追逐游戏后迅速冷静下来完成复杂的数学题，或者刚意识到自己忘了写作业，但还是坐上校车去

1 Gross and Levenson, 1997.

学校。在有强烈的情绪时仍然可以照常做事，我们认为这样的孩子情绪调节能力不错。

接下来是两个男孩的故事，关于他们如何学会以健康的方式调节自己的情绪。他们没有将积极或消极的情绪留在心里，或者让情绪“消失”。相反，他们学会了如何感受自己的情绪，处理它们，同时还能正常社交并完成学习任务。

查尔斯

查尔斯已经13岁了，他在心烦意乱的时候还会吮吸拇指。进入中学后，他从未学会用其他方式让自己平静下来（上一节讲过这种行为的生理原因：吸吮会刺激迷走神经，从而帮助身体放松）。查尔斯是一个天性焦虑的男孩，他的生活也很混乱。他的亲生父亲抛弃了他，继父长期使用家庭暴力。他的母亲虽然已尽力照顾他，但从未教过查尔斯如何让自己平静下来。于是，他找到了自己的方式。

▶其他放松方式

查尔斯不知道还有其他放松方法：自我对话、深呼吸、挑战非理性想法或与某人交谈。从来没有人带他去看心理医生，从而帮助他应对生活中的慢性创伤。于是他尽自己的努力，通过吸吮拇指让自己平静下来。问题是，如果你16岁时还这么做，是不被社会接受的。而且，在学校里，他不能在需要的时候吮吸拇指，所以只要不是在家里，查尔斯感到焦虑时就没办法让自己平静下来。结果，他在学校里经常打架，在课堂上难以集中注意力。毫无疑问，这些都是他的情绪从侧面流露出来的方式。

▶获得帮助

查尔斯最终被少年法庭勒令接受治疗。他的行为问题已经升级为性暴露（不雅裸露）和偷窃。如果父母不带孩子接受心理治疗，法庭是让孩子获得治疗的最佳机会。查尔斯没有告诉我他吸吮拇指的事，是他妈妈告诉我的，她既尴尬又担心。当我告诉查尔斯，我知道吮吸拇指能帮助他放松时，他显得如释重负。我向他介绍迷走神经张力，以及其他许多因情绪而导致的生理反应。然后我告诉他，我知道有很多方法可以让他不通过吮吸拇指的方式也能平静下来。他明白这些方法需要大量练习，而且其间他仍然会很想吸吮拇指（毕竟这样做非常容易）。但他愿意努力尝试，因为他知道自己早该学习新的调节情绪的方法了。

最能帮助查尔斯调节情绪的干预方式似乎是自我对话。这也合理，因为他现在的认知能力有了很大发展（与8岁时相比），他看到了自己的想法很容易就能影响他的感受和行为。“融合”这个工具对他也很有用。他使用图表来跟踪记录自己何时吮吸拇指，以及触发这个行为的原因。这也让我们有迹可循，知道哪些情况最具挑战，并追踪他的进步。

查尔斯的行为问题虽然在治疗的第一个月里就得到了改善，但要从自幼目睹和经历的创伤中恢复，他还需要经过更多努力，但至少现在他有了一种新的、更“成熟”的方式让自己平静下来。我感谢他的母亲勇敢地告诉我查尔斯吮吸拇指的事情，如果他继续吸吮拇指而不是学习通过其他方法来安慰自己，那么我们的治疗就会浪费很多时间。

比利

比利也不是普通的8岁孩子。他的特别之处在于，他很快就掌握了使用健康的方法来控制或调节自己的愤怒。妈妈已经不记得从什么时候开始，比利就一直在幼儿园和学校里惹麻烦。他的大部分问题都是对弟弟和其他孩子进行身体攻击，最常见的景象就是比利压在某人身上，不断地挥舞拳头。每当比利被赶出教室去反省时，他总是振振有词，说得好像自己才是受害者。比如，“吉尔说她不喜欢我”或“鲍比故意绊倒我”。无论这些理由是真是假，比利的攻击行为远高过他受到侮辱的频率。

比利被诊断为注意力缺陷/多动症。为了提高他控制愤怒的能力，医生对他进行了药物与认知—情绪—行为疗法（CEB-T）相结合的治疗。药物虽然帮助比利延迟了冲动，但这只是解决方案的一部分。据他的父母说，真正发挥作用的是比利识别情绪，以及思考应对情绪的不同方法的新能力。

我会向比利介绍一种新的情绪应对技巧，让他在生气或害怕时尝试，而且比利也会立即回家尝试；我会教他如何不靠拳头，而是用语言表达自己的愤怒，他也会回家积极练习。我从来没有遇到过这么配合、这么渴望改变的男孩。我感谢比利的父母能够及早寻求治疗，并在家里贯彻和鼓励他的CEB-T进展。

查尔斯和比利都在调节情绪方面遇到了困难。他们的共同点是情绪过于强烈，无法处理，都需要帮助，寻找有效且能被社会接受的方式来表达和调节自己的感受。需要调节的情绪还有很多，从兴奋到孤独。在这里，你会了解到情绪确实能够调节，而男孩在学习情绪调节时往往需要得到帮助。

压制男孩的情绪表达

男孩情绪调节的一种常见且不健康的模式是压制（钝化或减少）他们的情绪表达。压制情绪表达时，人们不会表现出积极或消极的情绪。也就是说，他们对别人，甚至对自己隐藏感受。然而，他们的感觉并没有“消失”，而是深入内心，它们仿佛被深深埋藏，可能不再被有意识地察觉到。

总的来说，男孩比女孩更容易表现出情绪压抑。幼儿园里的男孩在不知不觉中就学到了——在学校（或任何地方）哭是不好的，而女孩却没有这种想法。尽管没人想当“爱哭鬼”，但对于当众显示自己的脆弱性而言，男孩和女孩有不同的规则。女孩的脆弱更容易得到包容，这是怎么回事？

解释人类行为发展的理论多种多样，包括社会学习理论、性别图式理论、认知发展理论、心理动力学理论、进化理论……我列举的这些只是其中一小部分。若要了解这些理论，最好去看发展心理学的教科书。重点是，社会学和生物学理论共同解释了男孩如何，以及为何表达他们的情绪。多年的心理临床实践告诉我，社会和文化影响是压制男孩（和男人）情绪的主要原因。

也许男孩学会不哭或不表现出脆弱，是生活中的其他孩子和成年人教他们的——通过明讲或者暗示。对我来说，这种解释似乎比任何其他理论都更合理，也更能让人看到希望。这表明在阻止男孩流眼泪方面，我们难辞其咎，这也同样证明我们可以扭转这种情况。

情绪表达研究

理论实际上并不能证明任何事，科学研究也不一定能做到，但两者都能提供系统的方法来观察和描述各种现象，包括情绪表达在内的人类行为。仅一项理论或研究不能完全解释所有观察到的现象,男孩压抑情绪的发展也是这样。在这里，我介绍一些研究结果，让大家对男孩情绪的相关研究有一定了解。

在两项不同的研究中，我观察男孩的情绪表达如何随着他们从幼年到青春期变得更加受限。定量研究（使用数据资料）以横切面的方法来检查在不同年龄组对自尊的评价中，年龄与性别的关系呈现什么模式，并探索情绪表达和当代社会影响与自尊的相关性[1]。美国东南部的一所私立教会学校五年级、八年级和十二年级的93名男孩和116名女孩参与了此项研究。研究测量了下列自尊的社会预测因素（相关性）：媒体影响、性骚扰、身体形象、家庭和同伴关系，以及情绪表达。

这组预测因素相当程度上解释了自尊的差异性，表明该模型非常适合探索自尊。在青春期早期，女孩的自尊低于男孩，但在青春期后期就不再有性别差异。

出乎意料的是，青春期后期的男孩，其自尊比年幼的男孩低。对于本书的主题而言，最值得注意的是，在情绪表达方面存在巨大的性别差异，男孩的情绪压抑在整个青春期都变得更加严重（图4.1）。

定性研究（使用文字和叙述）发现了类似的模式[2]。先前研究中的男孩和女孩被要求以书面形式回答几个问题，与情绪表达相关的问题是："对他人说出自己的感受，你觉得

1 Polce-Lynch, Myers, Kliewer and Kilmartin, 2001.

2 Polce-Lynch, Myers, Kilmartin, Forssmann-Falk and Kliewer, 1998.

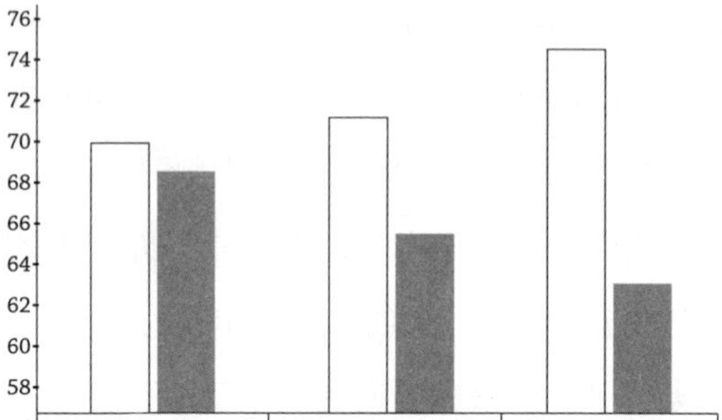

	五年级	八年级	十二年级
女孩	70	71.2	74.1
男孩	67.9	65.6	63.7

图4.1　情绪表达平均数比较

容易还是难？说说为什么。”答案显示，男孩的情绪表达稳步下降，而女孩的情绪表达增加。

研究结果的另一个有趣之处在于，男孩写的字数比女孩少得多。情绪表达差异的另一个指标是，有39个男孩选择不回答这个问题，而拒绝回答这个问题的女孩只有12个。

这两项研究的结果表明，在走入青春期的过程中，男孩会压抑情绪表达，而女孩会增加情绪表达。虽然研究样本相对较少，但结果与其他研究和临床观察结果基本一致。

不健康的情绪表达是什么样的

遗憾的是，要找到男孩不健康的情绪表达的例子相当容易。每当男孩通过问题行为（与平常不同的行为）拐着弯地表达情绪，而不是与某人谈论感受时，都会发生这种情况。看看这些男孩是如何表达情绪的。

◉ 杰瑞米“告诉”父母因为没有入选篮球队，他倍感心痛。他的表达方式是，跺着脚走进自己的房间，用力摔门，在墙上打出一个坑来。

◉ 塞斯的父母离婚两个月后，这个“一直适应得很好”的10岁男孩开始在谷仓里玩火柴，身旁就是干草堆。

◉ 肖恩的狗死后一周，这个12岁的男孩变得易怒，无法专心上课，但他没有为失去心爱的狗流过一滴眼泪。

杰瑞米和塞斯的行为与雅各布相似（后者在足球比赛中错过了制胜一球，通过欺负妹妹间接表达自己的愤怒和羞耻）。这几个男孩都压抑了情绪，不直接表达情绪，却通过攻击行为让情绪拐着弯地发泄出来。其他男孩，比如不曾为他的狗悲伤的肖恩，则可能会表现出焦虑、抑郁症状，或者变得冷漠无感。这些也被认为是不健康的情绪表达。

▶攻击行为

你可能会认为，杰瑞米、塞斯和雅各布的行为不过是男孩的典型行为（即很多男孩都做同样的事情），就常见的情况来说，那些尽管可能是典型行为，但它们仍然是攻击行为，仍然是不健康的。对于攻击者、受害者或旁观者来说，攻击绝不是一种健康的体验。表达愤怒的规则是，它不能伤害自身、不能伤害任何其他人，也不能损伤财物。在通过攻击行为表达情绪的男孩中，杰瑞米会损伤财物，塞斯可能也会，毕竟干燥的谷仓可能起火，而雅各布则伤害了别人——他的妹妹。

父母通常不会将兄弟姐妹间的争吵视为攻击行为，这很可惜，因为这类事件让我们有机会教授男孩如何控制愤怒和感受同理心。第6章详细讨论了愤怒和攻击的区别。在这里，问题的关键是要阐明为何攻击对男孩来说是一种不健康的情绪表达方式，而它又为何被普遍接受为“男孩就是那样”的。

▶焦虑和抑郁症状

每个人在生活中都不免会经历一些沮丧的时刻，偶尔还会感到焦虑。这两种心理反应都是正常的，尤其当遭遇悲伤或者令人恐慌的事件时。但是，当抑郁症状（情绪低落、易怒、攻击行为、低自尊）和焦虑症状（注意力不集中、无法放松、易怒等）持续数周以上时，就可能存在心理健康问题，可能需要专业的帮助。但在寻求专业帮助之前，请记住，要治愈男孩的抑郁症或缓解他过度兴奋的交感神经系统，父母可以做的事有很多。

如果能够与成年人沟通，如果成年人能够倾听并教会他们如何应对自己的情绪，大部分孩子都能迎接生活的挑战，克服生活带来的缺憾。你可能也发现了，肖恩的烦躁和注意力不集中来自他无法表达失去宠物狗的悲伤。悲伤本身并不是抑郁症，担忧也不是焦虑症，事实上，许多儿童在经历死亡事件后，都会表现出抑郁和焦虑症状。但是，没有大人的安慰和帮助，肖恩和许多男孩一样遵循“兄弟规则”，掩饰了自己的感情，把悲伤伪装成别的东西。面对这种情况，成年人往往只顾着纠正“纪律”问题，而没有帮助男孩应对他们潜在的情绪问题。

我早年在学校做实习心理医生时就学到了这一课。我还记得当时上三年级的男生巴里，因为在课堂上“不专心”，他被送到校长那里。一周后，当我在心理咨询中见到他时，得知他“不专心”的情况就发生在他目睹父亲将母亲殴打昏迷后的第二天，他没有把这件事告诉任何人。

▶漠然

这是另一种不健康（压抑）的情绪表达，你一定见过。一个少年下巴紧绷，不笑、不皱眉，和你说话时甚至几乎没有动过嘴唇，也很少有眼神交流。在评估精神状态时，心理学家会观察这个人的情绪范围。健康情绪是广泛的，包括适当的语言和面部表情：描述悲伤经历时会显得悲伤，描述快乐事件时会表现出欢喜。当一个人表现出来的情绪范围很狭窄（单调）时，医生在诊断报告中就会注明：情绪范围狭窄、迟钝或被压抑。换句话说，漠然并不是健康的心理状态。

今天，男孩和女孩似乎都很压抑。如果说20世纪60年代末和70年代初年轻人的普遍情绪是愤怒，那么新千年的面孔就是漠然。我第一次注意到这个现象是在1999年参加的一场美国高中的毕业典礼上，在场的青少年和毕业生的表情，往好里说是严肃的。但最能说明问题的是，女孩的漠然会被解读为抑郁，而男孩的则被视为男子气概的表现——很正常。

健康的情绪表达是什么样的

健康的情绪表达是这样的：一个4岁的男孩上幼儿园时可能不想跟妈妈吻别，但会冲妈妈迅速地眨三次眼，这是一个特殊的（和秘密的）“我爱你”的密码。一个6岁的男孩下巴被球打到，会大哭起来，在得到爸爸妈妈的安慰后，他又重回赛场完成了比赛。获得地区游泳冠军赛参赛资格的10岁小男孩在告诉父母这个消息时自豪地笑着，13岁的男孩在篮球场上对裁判大发脾气，但很快就控制住了自己，并（主动）向裁判道歉。还有，一个16岁的孩子半夜敲开父母的房门，因为他的女朋友刚刚和他分手了，他非常需要找人谈谈。

观察一群女孩和/或女人坦然交谈、互相支持并表达自己的感受，这就是健康的情绪表达的样子。一个男孩如果有健康的情绪表达，就可以感受到自己的情绪，与合适且值得信赖的人分享情绪，并能视情况调节情绪。

除了与信任的人交谈外，男孩的情绪表达还有其他形式。情绪可以通过音乐、诗歌和视觉艺术来表达。尽管这些表达形式是间接的，不是面对面的交流，但它们仍然非常有价值。原因有两个：首先，它们让男孩了解、感受并保持他们的情绪（而不是遵循“兄弟规则”，让情绪“消失”）；其次，这些形式的分享能让男孩自然产生与他人的直接交流。

压抑情绪表达的后果

压抑情绪表达的一个主要症状是前面提到的述情障

碍（无法感受情绪），临床诊断出这种问题的男性比女性多。这种症状可能由脑外伤或脑外科手术引发，但也可能是一种习得的、防御性姿态，是为了保护男孩或男人不因情绪流露而受到惩罚，也就是说，避免违背“兄弟规则”。

精神健康

认真思考当男孩不能或不表达情绪时会发生什么，这非常重要，因为其后果可能影响终身。目前的学术研究表明，男性的情绪表达与他们的身心健康息息相关。事实上，抑郁症可以通过书写或与他人谈论情绪而得到有效治疗[1]。成年男性掩饰情绪的方式与一种“阳刚抑郁症”(masculine depression)有关[2]，意思是男性可以被临床诊断为抑郁症但自己却没有感觉。相反，他们只感到愤怒，只表现出攻击性，而没有感受到愤怒掩盖下的悲伤和绝望。之所以被称为阳刚抑郁症，因为它看起来与传统的抑郁症不同，事实上在很多方面，它都与“兄弟规则”非常相似。

男孩、女孩和成年女性都有可能患上阳刚抑郁症，因为它本质上是一种被男性性别角色和行为掩盖的抑郁症，

1 Pennebaker, 1995; 1997.

2 Lynch and Kilmartin, 1999.

与生物学意义上的性别无关。《面具背后的痛苦：克服阳刚抑郁症》（*The Pain Behind the Mask:Overcoming Masculine Depression*）[1]一书详细描述了这种抑郁症，非常值得一读。它描述了男孩可能患有的一种常见但经常被忽视的抑郁症，这种抑郁症会对人际关系以及身心健康造成不利影响。

显然，男孩情绪表达受限会直接影响人际关系。我们都知道，建立人际关系需要彼此付出，过程中往往需要自我表露，或坦陈内心的想法和感受。如果男孩不愿意谈论自己，他们就很难启动和维持与他人的亲密关系。而且，拥有关系对我们的心理和身体健康是一种保障。事实上，失去这种保障是个人成长最大的威胁之一。[2]

身体健康

男性的身心痛苦、人际关系问题和情绪压抑之间存在联系，这是有明确证据的。僵化的男性性别角色与高风险行为之间似乎也存在联系，包括酗酒、不安全的性行为、参与危险运动、吸烟、打架、忽视营养和身体健康[3]。

---

1 Lynch and Kilmartin, 1999.

2 Masten, 2001.

3 Courtenay, 1998.

正如基尔·马丁（Chris Kilmartin）教授所指出的，行为医学这一领域的主要研究对象，正是可能深受心理作用影响的身体障碍。男性通过“兄弟规则”进行的社会化过程，可能会导致身体疾病和失调。例如，心血管疾病和消化性溃疡，这些疾病较常见于男性。

其他人对男孩情绪表达的看法

在准备这本书时，我希望除了自己的临床实践和研究回顾之外，再获得一些其他观点，以更多地了解其他成年人如何看待男孩的情绪，尤其是男孩的情绪表达。通过对美国东部5个州45名年龄从18岁到68岁的成年人进行的非正式调查，我获得了以下问题的答案。我总结了他们的答案，并通过直接引述来反映他们的观点。

你认为男孩的情绪重要吗？重要或者不重要的原因是什么？

这个问题的答案是一致的。每个人都回答说：“是的，男孩的情绪很重要。”关于重要的原因，答案包括：“如果男孩从小就学会表达情绪，那么他们成年后就知道该怎么做”，还有“男孩是人，这就是原因”等。总体来说，看法很明确：男孩的情绪很重要。

你认为男孩需要表达情绪吗？如果需要，应该在什么情况下，如何表达？

第一个问题的答案是一致的——“需要”，但第二个问题的答案出现了差异。女性都认为男孩应该与“安全、可信赖的人交谈……比如朋友、父母、教师、教练”，她们几乎列出了认识的所有人，而男性只确定了少数可以交谈的人，主要是男孩的家人。例如，一位专业人士，同时也是一个十几岁男孩的父亲说：“敏感对男孩不利”，（但是）“在家庭里或者与亲密的朋友在一起时，男性应该坦诚表露情绪。”这种说法反映了大多数男性的观点。

另一位男士却有不同的答案。约翰·谢勒芬，43岁，是纽约一所高中的辅导员和篮球教练。他是四个孩子的父亲（两个女孩，两个男孩），高中和大学时曾是一名出色的运动员，被列入他所在城市的体育名人堂。尽管他的社会化过程深受“兄弟规则”的影响，他却学会了挑战其中一些狭隘的男性规范。以下是他对男孩情绪表达的看法。

“男孩绝对需要表达自己的情绪，无论在哪里、在什么时候。我们要告诉男孩的是，他们的情绪是属于自己的，他们可以自由地表达情绪，不需要得到许可。他们应该知道，无论快乐、悲伤、害怕、紧张、尴尬、愤怒都没有关系。我希望我们能教男孩们知道——如何处理自己的情绪才是最重要的。”

曾有的一项研究表明，男孩从青春期早期开始压抑他们的情绪表达，与此同时，女孩的情绪表达却更多了。你认为发生这种情况的原因是什么？

这个问题的所有答案都提到了社会化。大多数人引用了“兄弟规则”——“男孩不哭”，也提到“男孩必须坚强”和“男孩要坚强就不能哭”等普遍观点。这些观点的言外之意是，男孩的行为如果不符合性别期待，比如哭泣，就会受到惩罚和羞辱。

有的男孩害羞、喜欢独处，有的男孩性格外向、善言谈，也有的介于两者之间。描述您儿子的气质以及这种特点与他的情绪表达之间的关系。

从这个问题的答案中我了解到，许多父母（通常缺乏心理学、教育学或相关领域的学位）通常不会关注儿子的先天气质，但如果他们留意到这一点，就可能掌握了一种有用的育儿工具。

女孩在社会化过程中学习了表达情绪，但她们在初中和高中时并没有变得“懦弱”。她们在运动场上，以及其他领域都极富竞争力。你认为男孩有可能既在社会化过程中保有情绪，同时又不会在长大后变成“懦夫”吗？如果可能，怎么做？如果不能，为什么？

大部分回答是：“是的，这是可能的。”不同意这个观点的人则认为，女孩还是被认为是比较弱的，比如垒球就比棒球容易，女孩用的篮球也比男孩用的小。也许这个答案更切中要害：“情绪被认为是一种弱点，所以男孩如果表露情绪就会被认为是懦夫。”

以下是各种关于如何教男孩既表达情绪，又不成为懦夫的看法。

“可以的，如果一个人有安全感和自信，他就能表现出情绪。挺讽刺的，不是吗？表达情绪其实正是有力量的表现。”（有三个女儿的50岁白人父亲）

“是的，我相信如果社会允许男性以更合理的方式表达自己，他们就不太可能情绪失控。”（55岁白人母亲，有两个儿子）

“是的，压抑情绪对每个人都是不健康的。”（60岁非裔父亲和祖父）

“可以的，只要‘正常地’对待男孩，培养他们从运动到谈论感情的一切技能。”（21岁白人女性）

“是的，在我看来，不表达情绪的男孩才是真正的懦夫。”（19岁男性，非裔美国人，大学生）

这项调查得到的回应描述了一个令男孩困惑的世界，向他们传达着矛盾的信息：你的情绪也许很重要，但在家庭之外表露情绪仍然是不安全的。不幸的是，有很多男孩既无法在公共场合，也不能在家人面前表达自己的情绪。有趣的是，不仅男性认为男孩在家庭之外表现出脆弱的情绪是不安全的，女性也熟知“兄弟规则”（尤其是“男孩不要哭”的规定），了解这些规则如何压抑了男孩的情绪表达。我想这样的情况非常明显，不容忽视。总体而言，这项调查反映了人们虽然普遍认为男孩的情绪很重要，但仍然不知道如何让它们变得重要。

总结

改变现状——认为男孩的情绪不重要，表达情绪是不恰当和没有意义的——是一项艰巨的任务。它与文化主流背道而驰，让父母和其他成年人倍感焦虑，因为没有人会有意地将男孩置于被排挤的境地。

然而，正是这样的恐惧——害怕不够有男子气质，害怕成为懦夫、胆小鬼和“妈宝男”——助长了“兄弟规则”的流行。

而且，在较深的层面，人人都认为男孩需要有情绪，需要表达情绪。那么，下一个合理的步骤就应该是改变文化规则，让男孩不必通过冷漠和攻击隐藏情绪。幸运的是，情绪表达绝对是能够习得的技能。如果男孩学会了感受和表达情绪，那么他们的情绪就不会以其他形式“拐着弯”地表达出来。如果他们不会因为表达情绪而遭到惩罚或嘲笑，男孩的身心健康就会得到改善，与之相关的人（我们每个人）的生活也会更加美好。

第五章

男孩的同理心：情绪健康的标志

“E.T.和艾略特之间有种特别的沟通方式。”

迈克小声说。

“你是说，他们能想到对方在想什么？”

科学家问。

“不……他们可以感受到对方的感受。”

——史蒂文·斯皮尔伯格导演的电影《外星人E.T.》中的对话

没人不喜欢史蒂文 · 斯皮尔伯格导演的电影《外星人E.T.》。然而，这部精彩的电影不仅是娱乐性的，它似乎还是一个关于男孩情绪的现代神话。它讲述了一个外星植物学家（E.T.）的故事。E.T.回不去他的宇宙飞船，他与地球男孩艾略特建立了一种特殊的情谊（最终，E.T.找到办法回到了他的母星）。引人入胜的并不是剧情，而是E.T.与艾略特之间的关系，以及这种关系中自然流露的感情。开篇引用的对话片段抓住了他们的友谊中同理心的本质：彼此能感知对方的感受。

为什么同理心是情绪健康的标志？原因之一是同理心的关系面向——与他人有关。与他人（家人、同龄人、队友、同事）建立关系是维持心理健康的保护因素，良好的关系对我们有益。如果一个人没有同理的能力，基本上就无法拥有亲密关系。如果不能理解他人的生活经历和观点，任何人都无法与他人保持健康的关系。同理心是情绪健康的标志，具备同理的能力，是人类与野兽和机器的区别。

本书讨论男孩的情绪，同理心是一个非常重要的主题，值得用单独一章来论述。接下来讨论的是同理心的本质：它是如何发展的，它在男孩情绪发展中的作用，以及它如何影响人际关系和心理健康。我将通过两个案例来呈现同理心对男孩生活的动态影响，我的目标是为你提供足够的关于同理心的信息，让你能够帮助男孩在日常生活中培养、发展及运用同理心。

同理心是男孩人性的根基

同理（empathy）一词来自希腊语empatheia，意为感受到（feel into）。感受到的前提是理解他人的感受，也包括“感受到”其他生物的感受，如宠物或其他动物。两个多世纪以前，亚当·斯密将同理心描述为“理解他人观点并产生本能或情感反应的能力”[1]。

这些描述缺少了我认为的同理心的核心特征，要知道另一个人的感受，先得知道自己的感受。换句话说，要能同理他人，必须先能同理自身。从这个角度来看，许多男孩都很难同理他人。为什么？因为如果同理心始于对自己感受的认识，并且如果男孩受到的训练是不要感知自己的情绪，那么，他们感受他人情绪的能力将受到严重限制，甚至完全缺失。

---

1 Zahn-Waxler, Cole, Welshand Fox, 1995.

同理心被描述为愤怒的解药[1]，我认为同理心也是自恋（过分关注自我）的解药。而自恋就像铁架钢梁，支撑着刻板的男子气概中不健康的部分，即不惜一切代价取胜、要主导局面等。因此，同理心能对抗“兄弟规则”和自恋情结。只要一个男孩还能“感受”到另一个人的经历，他就不太可能伤害别人，他也不太可能伤害自己，因为同理自己就会照顾好自己。

缺乏同理心

毫无同理心可能极具破坏性。例如，1994年，8名高中男生在费城郊外用棒球棒将艾迪·波莱克打死[2]。艾迪是一个16岁的男孩，他完全是在错误的时间出现在错误的地方，这个小团伙的成员后来都被判谋杀罪。他们的内心也是错位的，因愤怒而无法同情眼前这个正在被他们伤害的无助男孩。男孩们轮流殴打艾迪，其中一人抓着艾迪瘦小的身体，其他人反复殴打他，把他打得面目全非。

一个人持续伤害另一个已经受到伤害的人，缺乏同理心到这种程度，令人震惊。在艾迪的案例中，这种情况

1 Goleman, 1995.

2 Freedman and Knoedelseder, 1999.

另有一个名字：折磨。讽刺的是，这群男孩在他们惨无人道的行为中使用的竟然是棒球棒——小男孩的象征。他们无所畏惧，也没有同理心。

艾迪·波莱克的惨死是一个极端的例子，说明缺乏同理心会对男孩及其周围的人有怎样的影响。还有一个不太极端的例子，一个13岁男孩散布关于他前女友的性谣言。两人分手后，男孩又生气又觉得受伤，散布恶意谣言满足了他要取胜或“挽回面子”（“兄弟规则”）的需要。而且，因为无法同理前女友对这些谣言的感受，他并不觉得这样做有什么不妥，他没有感受到她的感受。而就在两天前，他还说自己关心这个女孩。同理心可以避免男孩的愤怒对他人造成伤害，当然，同理心也可以避免艾迪·波莱克的死亡。

同理心如何发展

关于同理心的起源和发展的探究并不是一门精确的科学，大部分关于人类发展的知识都是这样。在这里，我将现象学（Phenomenological）方法（个人的经验）与发展心理学相结合，以了解健康的同理心是如何发展的。前面提到过，学术研究和临床心理实践都让我认为，对他人的同理心始于对自己的同理心。因此，除非男孩能感受到自己的悲伤，否则他们不会感受到别人的悲伤；除非他们能感受到自己的快乐，否则他们不会感受到他人的快乐。

那么，为什么有的男孩能发展出健康的同理心，有的却不能呢？与人类发展的任何其他方面一样，有生理和环境两种因素的相互作用和相互影响。简单解释就是，如果男孩能从周遭环境中获得强化同理心的行为，他就更有可能发展出对自己和他人产生同理心的“情绪回路”；如果一个男孩没有从环境中得到这类刺激，那么他的同理能力就可能产生某种程度的偏差。

▶男孩的同理心从出生开始

同理心的根源可以追溯到婴儿期。一些研究人员认为，新生儿听到其他宝宝哭泣时，自己也会哭，这就是一种同理心。事实上，婴儿对他人悲伤的模仿可能是同理心的前兆。从婴儿期到大约1岁时，对他人的痛苦，婴儿会做出好像自己也很痛苦的反应。他们表现出某种联结，或“感受到”他人痛苦的反应。对此，有一种解释是，婴儿还没有完全将自己与他人分开，没有形成自我意识[1]。

1 Mahler, Pine and Bergman, 1975; Masterson, 1993.

在大约一岁到两岁半之间，幼儿开始发展出与他人分离的感受。同理心发展的关键第一步，是能够感受到自己的感受。一旦男孩开始意识到自己是独立存在的，他的感觉就会变成或需要变成自己的感觉。显然，反馈、理解和接受这个年龄段男孩的情绪对于培养同理心至关重要。

环境（父母和成年人）如何影响同理心发展

人们在研究同理心发展的时候，格外关注与同理心相关的情绪和亲社会行为[1]。责任感似乎与同理心和内疚有关，早在学龄前，女孩就比男孩表现出更多的亲社会的、有同理心的反应[2]。为什么此类行为在这个年龄段会有这么大的性别差异？

一种解释认为，三种强大的力量——儿童的先天气质、在环境中的经历和文化力量——结合在一起，在童年早期就已经造成了性别差距。如第2章和第3章所述，男孩的不同气质会引起父母的不同反应，这些反应反过来会影响男孩的学习和行为。这并不是说男孩的气质决定命运，而是说在一个很少支持男孩情绪的文化中，父母和孩

1 Eisenberg and Miller, 1987.

2 Zahn-Waxler and Robinson 1995; Zahn-Waxler, Cole, WelshandFox, 1995.

子在共同演绎一场复杂的舞蹈（专业名词为“交互作用”）。同理心的发展似乎与环境对男孩的反应方式有关。简而言之，不管先天气质如何，如果没有直接针对自身情绪和他人感受的学习，男孩不太可能发展出同理心。

促进男孩（其实也包括我们每个人）同理心发展的最重要的环境反应是，让他们知道自己的情绪能被感知、被理解，也能被接受。因此，要学习同理心，男孩首先必须能体验到有人能同理自己的感受，而且这种体验要能在整个童年和青春期持续获得。父母或养育者必须能“感受到”男孩的体验，男孩必须有自己的内在感受被看到和被理解的体验。

尽管同理心发展的先兆在婴儿期似乎就存在，但同理心何时开始发展呢？对此，人们持不同观点，从2岁到4岁都有支持者。作为人类发展中一项如此重要的能力，这个年龄跨度似乎太大了。的确是，但就像人类行为的许多方面一样，尤其在婴幼儿时期，因为孩子还没有语言表达，所以很难观察和测量。尽管挑战很大，研究人员还是发现了许多促进或干扰同理心发展的有趣模式。

▶同理心研究

在美国国家心理健康研究所主持进行的一系列研究

中，研究人员观察了父母与学龄前孩子之间的互动[1]。基于这些观察，研究人员得出结论，父母的管教方式与孩子的同理心发展有关。更具体地说，如果父母在教育孩子时会帮助他们了解自己的行为如何造成了其他孩子的痛苦，例如“你看，你打了约翰尼，让他多难过”。这些孩子似乎会比那些父母只通过纠正行为来管教的孩子（比如“你太淘气了”）表现出更多的同理心。

该研究项目的另一个有趣发现是，孩子似乎从直接教导和间接示范中都能学会同理。直接教导比较常见，例如成年人直接告诉孩子如何关注另一个孩子的感受。间接示范（观察他人的同理心）可能不那么常见。比如，父母说“你看，查理不能玩秋千，他多伤心”和“如果我也能画出史蒂文那样的画，我会感到非常自豪”，这些都是间接示范的例子。

孩子们观察到其他孩子对另一个处于困境的同龄人做出有同理心的反应，这也是一种示范。例如，当一个男孩看到另一个男孩在沙坑里为查理挪出一个位置（因为查理没能荡秋千），他就看到了一种示范。他不仅学会了如何识别另一个男孩的痛苦，还看到了安慰如何有助于缓解痛苦。从

1 Radke-Yarrowand Zahn-Waxler, 1984.

很多方面来说，这些对男孩都很有意义。无论在哪个年龄段，父母和其他成年人都有无数机会通过间接示范教给孩子同理心。综上所述，研究表明，教授同理心的方法包括：回应男孩自己的感受、某些教育技巧，以及直接和间接的示范。

无论男孩的先天气质如何（不一定只有敏感的孩子才能发展同理心），有助于男孩发展同理心的环境反应是这样的：男孩首先要能感受自己的情绪，得到父母或值得信赖的养育者对自身情绪的同理，然后得到同龄人的同理。指导、教养和示范都能帮男孩学习如何与他人产生共鸣。此外，能得到他人同理的男孩也最能同理别人。

▶男孩的同理心是如何被熄灭的

如果学习同理心如此简单，为什么男孩不能发展出同理心的风险却如此之高？熄灭男孩同理心的过程涉及几个步骤。这里，我们先放下性别，讨论同理心难以发展的原因有哪些。同理心发展的环境风险因素有：与养育者缺乏联结；情感忽视和任何类型的儿童虐待，包括身体、情感和性虐待[1]。这些情况越严重，持续时间越长，影响同

1 Cicchetti and Carlson, 1989; Herrenkohl and Herrenkohl, 1981.

理心发展的风险就越高。换言之，风险因素发生越频繁、越严重，儿童出现同理心发展偏差的可能性就越大[1]。这种偏差既包括缺乏同理心，也包括超级同理心（hyperempathy）。

你或许熟悉反社会（Sociopath）和反社会人格（antisocial personality，缺乏同理心和良知）这两个术语，但可能不太了解超级同理心（对他人的感受和情绪极为敏感）。过度同理的人不会得到太多关注，因为他们不会像没有同理心的人那样违反社会或法律规则，他们往往是"讨好者"。讨好他人是一种心理防御机制，是一种自我保护。

教授同理心的"窗口期"

教授同理心的时机对同理心的发展很重要。同理心的发展似乎始于婴儿期，男孩越早得到养育者的镜映，越早与养育者建立联结越好。发展心理学家认为，人类发展的某些方面存在一个"关键窗口"（意味着必须在特定年龄学习某些技能）[2]，同理心可能就是其中之一。我们十分在意同理心的关键窗口何时打开，然而，人类大脑是"可塑的"，这意味着在整个生命周期中都可以学习和体验新技能。

1 Main and George, 1985; Klimes-Dougan and Kistner, 1990.

2 Sroufe, 1997.

因此，虽然我们知道，在男孩很小的时候消除风险因素和镜映男孩的情绪很重要，但大孩子（甚至成年人）也可能发展出同理心。

▶好心反而办坏事

大多数父母并没有刻意忽视孩子的感受，或者扼杀他们的同理心。

作为心理治疗师的经验告诉我，父母的出发点往往是好的。绝大多数情况下，父母总是想方设法保护孩子，但他们的行为却会对男孩造成伤害。我曾在工作中遇到一对父母，他们真心地认为打孩子是他们能做的最好的事，能让孩子更守规矩。

即便出于善意，如果父母一直忽视孩子的感受，也可能导致负面结果。例如，孩子因参加学校的项目，或者在学校的戏剧中担任主角而非常骄傲，为了防止孩子“飘飘然”，一些父母可能会对孩子的感受视而不见。

出于同样的原因，当孩子因为没有在科学比赛中获奖，或者没能入选篮球队而伤心时，父母也可能忽略他们的感受，因为他们不希望孩子“沉溺”于伤心事，不希望他们总是关注失败。很遗憾，这也可能导致父母不与孩子谈论他的感受。尽管一些研究人员发现，在头脑中反复重现负面事件可能会导致儿童抑郁[1]，但关注男孩的感受与“沉迷悲伤”并不是一回事。相反，谈论消极的经历往往能阻止消极的想法在脑海中反复出现。

是的，表达积极情绪和消极情绪，让这些情绪被他人看到、理解和接受，这些对男孩很有帮助，对同理心的发展尤其重要。如果男孩的情绪没有得到认可和理解，他们就无法练习宝贵的同理技能。父母和其他成年人忽视男孩的情绪并坚持“兄弟规则”，这可能会扭曲男孩的同理能力。

男孩同理心的样貌

男孩可能有健康的同理心，也可能同理心不足或过度。具有健康同理心的男孩通常被描述为“好男孩”。他真诚、有爱心，也能坚持自己的立场。同理心太少的男孩往往会违反社会或法律规则，他们几乎无法拥有真正的人际关系，也不关心他人的感受。这种男孩可能很有魅力，也可能很刻薄。同理心过度的男孩是“讨好者”，别人的情绪和需求都像自己的一样，他总是先考虑别人

1 Nolen-Hoeksema, 1994.

的需要。

了解与这些不同类型的男孩相处是什么感觉，也很重要。与“好男孩”交往的感受很好，在这样的关系中“付出和给予”是健康的。与同理心过强的男孩相处很辛苦，你会觉得如履薄冰，总害怕一不小心就会伤害他。与同理心不足的男孩交往时，你往往会觉得被利用或被操纵，尤其是当这种男孩表现得很有魅力时，你往往在事后才意识到被利用了。

值得注意的是，幼儿的直觉思维方式使他们相信“所见即所得”。换句话说，如果一个没有同理心的男孩对他们好，那么他就是好人。但是，孩子长大一些之后，就会感觉自己不喜欢同理心不足或没有同理心的男孩。有时他说不清自己的感受，只是说：“我不喜欢唐尼……我不想和他在一起。”当被问及原因时，他同样只能给出含混的回答，比如“我不知道为什么……我就是不知道”。

同理心不足的杰克

了解同理心是否健康，还有一种方法是更深入地观察男孩的生活。杰克是那种没有太多同理心的男孩，他很刻薄，毫无魅力。我第一次见到杰克是在9月，那时他上高三。由于多次打架，他经常被学校停学，副校长和辅导员建议杰克和他的父母去做心理咨询。杰克的父母在前一年就得到了同样的建议，但那时不在足球赛季期间，他们缺乏动力。这个学期，杰克的行为问题使他有可能被足球队开除，这是他父母不愿意看到的结果。他们送杰克去做心理咨询，自己却拒绝参与。他们把杰克送到诊所后就会离开，或者大多数时候，他们会让阿姨送他去诊所。

这个大个子男孩让我办公室的椅子显得很小。他坐在离门最近的椅子上，大多数人在不确定自己是否愿意待在这儿的时候就会选择这个位置。刚开始我问了杰克一些关于学校、朋友、打架，以及他的家庭的问题，他都有礼貌且直截了当地回答了。他说自己没什么朋友，和家里人相处得“还好”。当被问及为什么在学校打架时，他说是其他孩子先惹他的（因为杰克又高又壮，我很难想象有人会惹他）。他解释说，孩子们取笑他笨，所以他打了他们，就这么简单。

我开始探究杰克的感受，他说他没什么感觉。我使用了各种临床工具，但他依旧无动于衷。事实证明，他是对的，他对那些被他痛打过的孩子毫无同理心，他对自己也没什么同理心。他告诉我，这几年他经常偷偷用剃须刀片割伤自己，他卷起长袖运动衫的袖子。在他那尚存稚嫩却已略显男子气概的手臂上，有许多细细的白色伤疤。在我向杰克询问他的感受后，我毫不惊讶他会给我看那些伤疤。他解释说，用刀割伤自己时，他才会有感觉。

▶他是怎么忘记自己的感受的

杰克不记得自己最后一次感到悲伤、害怕或心碎是什么时候。他告诉我，在足球场上，对方球员从他脚下把球抢走时，他都不觉得难受。学校里有些男孩嘲笑他，他就按着他们的头撞向柜子，当被问及那些男孩会有什么感受时，杰克说："我不知道，我不在乎。"

没有任何情绪，也完全感受不到他人的情绪，杰克是如何走到这一步的？或者，从同理心的角度来说，他为什么不能同理自己的痛苦或他人的痛苦？别忘了，无法产生同理心的风险因素包括童年期的长期被虐待和被忽视，这两个风险因素杰克都经历过。虐待和/或忽视儿童在酗酒的家庭中很常见，杰克的父母都酗酒。他们并没有忽视杰克的生理需求，他们给他吃穿，让他有地方住。尽管这是个中产阶级家庭，但在这个家庭中，杰克的情感需求被忽视了。酗酒、虐待、忽视儿童，以及家庭暴力，这些问题与社会阶层和种族无关。

杰克不记得上一次他的父亲与他好好说话是什么时

候了，他也不记得哪一次父亲生气时没有打他，或者他的兄弟姐妹。自杰克记事起，这种虐待就一直持续。杰克的母亲则在情感上虐待和忽视他们。她会对杰克的兄弟姐妹大喊大叫，因为他们学习有困难（就像杰克一样）而侮辱他们。当我问杰克，他的兄弟姐妹对父母有什么看法时，杰克面无表情地说“不知道”。

▶创伤会导致感觉消失

当士兵在经历了恐怖的战争之后回到家时，他们可能会被诊断出患有急性应激障碍（Acute Stress Disorder）。如果症状持续存在，或者在几个月（或几年）后突然出现明显症状，就会被诊断为创伤后应激障碍（PTSD）。同样，如果儿童目睹家庭暴力，在家中被虐待，他们也可能有创伤后应激障碍或急性应激障碍。

创伤后应激障碍包括多种症状。杰克最突出的症状，也是让他在学校经常遇到麻烦的症状，是在过度兴奋时会变得麻木或没有感觉。他会“反应过度”，然后毫无感情地采取行动。可以说，杰克在情绪发展的关键岁月里是生活在“战火”中的。他再也没有任何感觉，这并不令人意外。他的父母或早期养育者没有镜映、确认或理解他的情绪，从来没有为他树立同理心的榜样。他从生活中的其他成年人（教师、教练、祖父母）那里得到的反馈，显然并不足以抵消他在家庭生活中遭受虐待和被忽视造成的严重且长期的影响。

我不知道杰克最终是否能发展出对自己或他人的同理心。当我了解到有虐待的情况时，我就必须向社会服务部报告（根据美国的法律，心理治疗师必须向他们所在州的儿童保护机构报告涉嫌虐待儿童的情况）。当我告诉杰克我必须这样做时，他的反应既恐惧又宽慰。他觉得自己回家后可能会有大麻烦，但他也知道有些事情必须改变。我不知道杰克一家后来的情况，在我做了报告后，杰克再也没来过。

鉴于存在如此多的风险因素，杰克不具备同理心也就不足为奇了。家里有如此多的暴力，自己长期被忽视，杰克要是能学会妥善地处理自己的愤怒，那才奇怪。我们在很多地方都能看到男孩的同理心被扼杀的迹象，频繁的攻击行为、自残行为或高风险行为（饮酒、超速驾驶）都是危险信号。无法发展亲密的家庭关系和稳固的同伴关系也是信号，我在杰克身上就能看到这些信号。

有健康同理心的安东尼奥

对安东尼奥最恰当的描述是，他是一个“好孩子”。这种描述可能是男孩是否有健康同理心的最佳预测指标之一。想想你认为是“好人”的某个人，他关心他人，因为他有同理心。好男孩不会去揪猫尾巴，也不会伤害别人。好男孩不会像有超级同理心的人那样做“滥好人”，也不会像反社会者那样有目的地散发人格魅力。好男孩有自己的立场，虽然关心别人，但不会牺牲自己的需要，也不会忽视自己的感受。

这个好孩子和他的奶奶同住。安东尼奥不知道父亲是谁，他的母亲自他出生起就频繁进出戒毒所。搬去和奶奶一起住时，安东尼奥是个非常活泼的2岁小孩。奶奶是一个勤劳的女人，靠做管家的薪水养活自己和安东尼奥。她教育安东尼奥明辨是非，让他为自己感到自豪，并确保他关心并尊重他人。尽管有时安东尼奥的一些过动行为令人头痛，但奶奶依旧毫无保留地爱自己的孙子。这种感觉是相互的。

在奶奶突发心脏病去世大约6个月后，安东尼奥来接受心理治疗。那时他与姑姑和姑父一起住在新的城市。他的学习成绩开始滑坡，姑姑和姑父都知道安东尼奥是个优秀的学生，而且他的性格一直很好，他很阳光，但是现在这个和他们住在一起的男孩看起来情绪低落。他变得易怒，大多数时候表现得似乎什么都不在乎。姑姑和姑父担心安东尼奥会走弯路，他们想纠正他。因为他们知道，在这个社区里要走弯路太容易了。

▶健康的同理心也会“伤人”

安东尼奥也不想走弯路。问题在于，他肯定还在为奶奶的去世而悲痛。我第一次给安东尼奥做心理咨询时，他能与我坦然地进行眼神交流，坦率地谈论他的悲伤。终于有人和他谈论自己的感受了，他似乎松了一口气。虽然姑姑和姑父对他很好，但他们在家里不会谈论感受。安东尼奥有一种感觉，他们害怕和他谈起奶奶，因为害怕惹他伤心。实际上，安东尼奥自己知道，如果他们能经常谈论奶奶，或者能听他倾诉，他会感觉更好。

因此，治疗安东尼奥的重点变成了对他的新家庭的悲痛教育。他的姑姑和姑父得到了有用的工具，帮助安东尼奥度过了失去至亲后艰难的第一年。渐渐地，他的成绩开始提升，一年后他似乎又和原来一样了。

安东尼奥是如何成为一个好孩子的？他为什么没有投奔“兄弟帮派”，也没有做出伤害他人的行为？尽管在生命的早年，安东尼奥的生活并不如意（被遗弃和早期被忽视都是风险因素），但从2岁到9岁，他一直生活在一个能镜映他内心世界的环境中。虽然安东尼奥的先天气质有些“难对付”

（非常活跃、精力充沛），但他仍然学会了理解自己和他人的感受，他学到了健康的同理心。

帮助男孩学习和保有同理心的实用方法

环境中有很多因素会影响男孩同理心的发展，塑造他们的同理心。尽管安东尼奥天性活泼，但奶奶从未忽视安东尼奥的情绪，她总是镜映他的感受，在家里也能自由地讨论彼此的情绪。

大脑情绪行为研究表明，环境可以塑造和改变行为的生理基础。例如，一项关于牙科恐惧症的研究表明，与对照组（未接受任何干预）或药物组（服用抗焦虑药物）相比，通过行为技巧（放松练习和自我对话）学会让自己平静下来的患者，在看牙医时更少表现出焦虑。[1]因此，通过改变行为就能改变相关的情绪，即使是对牙医的恐惧！

那么，父母和其他成年人如何帮助男孩培养同理心呢？哪些练习能有效塑造男孩的同理心，就像放松练习帮助牙科患者缓解焦虑情绪一样？培养同理心的主要环

1 Thom, Sartory and Johren, 2000.

境支持包括以下行为干预（各个年龄段都适用）：

◉ 同理男孩，包括真正了解男孩的情绪并“感受”他们的经历。做到这一点并不难，但它对“兄弟规则”确实是一种挑战。关注男孩的感受常令成年人觉得不舒服，因为他们担心这会以某种方式伤害男孩。他们担心，关注男孩的感受会让男孩更“女性化”。事实绝非如此，同理男孩的感受只会让他们更人性化。

◉ 认可男孩的情绪。认可情绪的意思其实就是，一旦你理解了这种情绪，就会承认并包容它——通过言语或行动都可以。当男孩气馁时，把手放在他的肩膀上是一种认可，对他说“感到……我觉得很正常”这样的话也是认可。哪怕只是听男孩倾诉他的感受，也是有效的，认可的反面是忽视或羞辱他们的感受（这也是同理心的反面）。

◉ 教导同理心。方法其实很简单。同理心越是成为家庭思维（和感觉）方式的一部分，男孩们就有越多机会学习这项技能。这个过程就像学习骑自行车一样，几乎是不知不觉的，一段时间后就变得毫不费力了。教授同理心最简单的方法是经常谈论其他人的感受。面对年幼的孩子，我们可以与其讨论故事书中的人物，以及他们的玩伴和家人。面对年龄较大的儿童和青少年，我们可以就地取材，比如兄弟姐妹，年长的家庭成员，电视节目、电影、小说中的人物，朋友，队友，教师等。教授同理心就是承认其他人也有需求和感受，不一定非得是什么重大的生活问题。理解了这一点，下一步要关注如何建立男孩的行为与其他人的反应之间的联系。“当你这么说时，杰米的感受如何？”对于这类问题，如果答案是“我不知道”，那么鼓励男孩猜一猜；如果他仍然不知道，请向他描述可能的情绪。这将有助于男孩和他人之间建立起感情联系。

◉ 教导界限。当孩子能感受到他人的感受时，重要的是教会他在自己和他人之间建立心理界限。如果自我与他人之间没有界限，就会出现共生（symbiosis，即心理融合）状态，搞不清楚哪些需求和感受属于谁。共生被认为是2岁以下孩子心理发展的自然阶段，最终将被个体化（明确的自我）所取代。健康的心理界限反映了这种个体化，并定义了关心他人与承担他人问题之间的区别。当男孩同理他人时，重要的是他们虽然要学会关心他人，但不会为了照顾他人的需求而放弃自己的需要、想法和感受。心理界限有助于男孩建立自我和维持自我。

◉ 直接示范同理心。直接示范同理心可以在成年人与男孩的日常对话中进行，就像“大声思考”一样简单，男孩可以听到成年人说:“我真替那些房子毁于大火之中的家庭感到难过……他们一定感到震惊和绝望。”或者,“危地马拉的孩子们每天要靠翻遍垃圾堆养家糊口,我真为他们感到非常无助。”同时,不要忘记树立积极的榜样,例如,“足球队获得州冠军,他们肯定兴奋极了。”请注意,这些话语都是通过描述第三者的情绪来直接示范同理心的。

◉ 间接示范同理心。意思是在看到他人表现出同理心时,给予积极的评价。比如,当哥哥对家里的某个人表现出同理心时,你可以说:“塞缪尔真是体贴约书亚啊!”随着孩子长大,男孩表现出同理心的情况会非常多,你对此都可以发表评论。成年人要做的就是观察和评论,以积极的方式强化男孩的同理心,他们就能明白“懦夫”和“好人”的区别。太多时候,当一个男孩对其他男孩表现出同理心时,总被忽视甚至遭到批评。要教导男孩,同理心是很好的能力。

总结

我们也要认识到同理心的生物学基础。一些理论家认为，“犯罪基因”的存在以及大脑功能的差异会导致一些人没有同理心或缺乏良知[1]。关于这一理论和研究的争议仍然不断。在这里，我只想说明基因可能对同理心的发展有影响。

本章对男孩同理心的讨论集中在环境方面，因为环境是可以塑造的。相比基因，父母更能够掌控和改变的是他们对儿子的养育方式。环境对男孩情绪的反应会影响其同理心的发展，可能是正面的，也可能是负面的。

同理心不足或过度的男孩有可能发展出健康的同理心吗？我虽不能为每个男孩做出保证，但我要说的是，无论在哪个年龄段，我们都可以教男孩了解自己的感受和他人的感受，以此锻炼他们的同理心。与我对男孩情绪表达的看法一样，我认为同理他人情绪的技能是可以教的，这是男孩情绪健康的必要技能。

1 Brothers, 1989; Patrick, Cuthbert and Lang, 1994.

第六章

男孩的愤怒：除了攻击行为，还有更好的方法吗？

“那我应该怎么做？……
就眼睁睁看他这样走掉吗？”

——大卫15岁，因为弟弟嘲笑自己，一巴掌把弟弟打得撞在墙上愤怒是我们的文化允许男孩拥有的少数情绪之一。男孩不能害怕，但可以生气；他们不能感到受伤害，但可以生气；他们不可以觉得尴尬，但可以生气。难怪愤怒成了男孩最常经历和表达的情绪，也难怪男孩的愤怒通常表现为主动的攻击。为什么？因为攻击性不仅在“兄弟规则”中被广泛接受，而且还成为流行的话语中定义男性气质的暗号：男孩就是这样。

许多男孩的攻击行为首先发生在家里——兄弟姐妹之间，哥哥会欺负弟弟或妹妹。如果这种情况被允许，男孩可能会在学校对同龄人或对物品拳脚相向，然后这种行为会发生在更大的社区中。男孩通常不会以健康的方式表达他们的愤怒。他们拳打、脚踢、扔石头、嘲讽、骂人、打架……很少人或根本没人鼓励他们用语言来表达感受。

男孩的愤怒一定要以攻击来发泄吗

男孩不用健康的方式表达愤怒有很多原因，其中之一是很少有人真正知道健康地表达愤怒的方式是什么。健康地表达愤怒有三个核心原则：在你表达愤怒时，不能伤害自己，不能伤害他人，不能破坏财物。许多男孩以不健康和有害的方式表达愤怒的另一个原因是，“兄弟规则”总是凌驾于健康的行为方式之上。本章重点阐释了这种情况如何发生及其原因，同时提供了策略，让男孩虽可以感受到愤怒但不再有攻击行为。攻击是一种行为，与性别无关。让我们来看看攻击行为是怎么变成男子气概的表现的，以及我们如何能够改变这种情况。

等待中的超级英雄

有一年，十几个青春期男孩被转介到我这里进行门诊咨询。他们都有相同的症状：无法控制愤怒。他们在家里或在学校（也有的两者兼有）表现出很强的攻击性。临床访谈时我发现，他们小时候对动作人偶很着迷，到了十几岁，他们就成为职业摔跤和橄榄球运动的狂热粉丝。对这些男孩而言，这类运动是男子汉的写照，意味着健壮、无所畏惧和勇猛——就像超级英雄一样。

对男孩来说，摔跤手和其他运动员极富魅力，这一点也体现在他们对动作明星的迷恋上。多年来，在电视摔跤比赛中看到的那种健壮、肌肉发达的体型已经被用在塑料玩具人偶上了，这种形象成为男孩们成长中自我和身体的延伸。“如果我能长成那样就好了”“总有一天我会像他一样”，这是我在游戏治疗中遇到的小男孩经常表达的愿望或宣言。

文化关联

崇拜超级英雄、职业摔跤手、健壮的动作人偶，以及对身体疼痛有忍耐力，这些与男孩的愤怒有什么关系？它们之间至少存在两个层面的联系，且都与文化有关。首先，文化向男孩传递着关于攻击性的信息，即攻击性是可以接受的；其次，文化要求男孩必须强大。大多数情况下，这种强大以支配的形式出现。如果一个男孩肌肉发达、志得意满，并且看似坚不可摧，也就是说，如果他是一名足球运动员或摔跤手，那么他就很不错。“男孩要尽可能强大”的文化要求，加上对攻击性的隐蔽或公开的许可，就会引发暴力行为，然而暴力并不是愤怒的同义词。

和所有人一样，男孩都会感到愤怒（除非他们已经让这种感觉消失了）。让男孩生气的原因也与让其他人生气的原因相同。但是，当文化规范要求男孩必须无所不能，必须占据支配地位时，男孩就会天真地得出错误的结论，认为他们不可以害怕、不能表现出脆弱或需要他人帮助，男孩认为他们不可以不强大。不幸的是，男孩用来解决这个困境的常见方案就是攻击。

强大与攻击

在美国以及许多其他国家的文化中，男孩和男人的攻击行为往往被解读为阳刚之气，这种观点很让人遗憾，理由之一是它会让我们无法欣赏与阳刚之气相关的许多积极方面。类似地，女孩的刻板性别特征是美丽，主要体现在容貌和身材上。女孩内化了媒体上的各种形象，被文化要求成为“美丽的客体”——不管当时流行什么样的美。男孩和攻击性的关系也一样，在将男性描绘成“强大的客体”的文化中，男孩和男人就会内化强大的形象。遗憾的是，当强大成为身份的定义时，就像美丽一样，它成为一把双刃剑。

以这些认为自己必须看起来像模特一样的女孩和认为自己必须永远强大的男孩为例，我们不难连点成线，看到更多的情况。许多女孩节食、暴饮暴食、挨饿、催吐，扭曲人类“饿了就要吃东西”的简单体验，直到她们不知道简单健康的饮食为何物。同样，许多男孩在玩耍和打斗时忍住了各种伤痛，他们否认健全人性的一部分，即感到脆弱，直到他们再也不知道什么是健康的愤怒。

这个过程是这样的：当一个男孩的感情受到伤害，或者他受到某种方式的身体威胁时，健康的愤怒是一种防御，它发出信号："危险——做点什么以保护自己！"但是，如果他遵循"兄弟规则"或其他狭隘的男性规范，他就会过度地显示自己的强大，以此掩饰脆弱。这本身并不算不健康或不自然，但是，当这种方式成为他的唯一选择时、当它与男孩接受的规则（要不惜一切代价获胜，可以攻击，男孩要有男孩样……）结合在一起时，它就变得不健康了。就像女孩会有不要变胖的压力一样，男孩也会有不要变得脆弱的压力。结果是，他们可能会因此牺牲真实的自我。最终，男孩的合理选择就很少了。我们要让男孩了解还有其他的选择，比如谈论脆弱的感受，学习如何以没有攻击性的方式应对。

简而言之，文化会影响孩子如何定义自我和表达自我。当一个男孩感到悲伤、受伤、害怕、孤独、不知所措、有压力或愤怒时，所有这些情绪只有一个被文化允许的出口，他只有一个选择——攻击。文化中对外表达的规则决定了男孩如何处理愤怒。

当然，男孩对害怕或脆弱的反应会因亚文化和环境的不同而有所不同。有的男孩永远不会打架，而有的男孩在跟朋友在一起时会打架，有的男孩只在携带武器（刀、枪）时打架，还有的男孩则先用言语羞辱，然后才开始推搡或拳打脚踢。如果思考这些攻击行为的例子有什么共同点，那就是所有这些行为都与力量带来的支配感密切相关，而非平和地面对脆弱。因此，男孩的攻击行为，也许就是文化为对抗脆弱感开出的处方。对身体优势和权利的需求也许就是男孩无意中学到的一种对抗恐惧的防御方式。如果不改变文化规范，不挑战“兄弟规则”，那么除了追求侵略与支配，男孩将别无选择。

健康的愤怒表达

我在本书中提出的观点是要推动以健康的方式表达愤怒（愤怒不应伤害自己、他人或财产）。无论多大，男孩都可以学会以自信和直接的方式感受和表达他们的愤怒。我们再三强调，应该在男孩年幼时就教给他们健康的表达愤怒的方式。如果尽早引导和练习，那么这种健康的表达方式更有可能成为他们自然行为的一部分。

难相处的约翰尼

及早教导孩子用健康的方式表达愤怒，这样做有什么价值？思考这个问题时，我想起了几年前辅导过的一个7岁男孩约翰尼。约翰尼的个性属于“难相处的”，无论在家里、在学校，还是在托管班和朋友家里，他都很容易冲动，而且不服管教。第一次见面时，我评估了约翰尼指认及表达积极情绪和消极情绪的能力。我问他对一些常见事情的感受，比如数学考试取得了好成绩，或在托管班被另一个孩子嘲弄。约翰尼的回答总像是在表达一种观点，他只会说“我认为孩子们不应该嘲笑我”，或者“我认为这张数学卷子答得不错”。他无法识别或表达自己的情绪。

经过几次治疗，并且在家中进行过一些识别和表达情绪的练习后，约翰尼有了进步。他虽然依旧很难相处，但他的攻击行为明显减少。改变是如何发生的呢？约翰尼的家人开始针对他对父母、兄弟姐妹和玩伴之间的攻击行为采取“零容忍”政策，这意味着约翰尼的父母自身也改变了规则。他们挑战了“兄弟规则”，不再将约翰尼的攻击行为视为“男孩就是这样”的，他们告诉约翰尼这类做法不健康，并向他展示了其他表达愤怒的方式。

约翰尼学得很快，并且非常有动力，因为他的父母使用行为图表来跟踪他的进步。他们用口头表扬来奖励他（没有奖励钱或者玩具，只是说“哦，太棒了！”），另一种干预方式则与他最爱的电子游戏有关，这个游戏中有很多暴力场面（某个超级英雄殴打其他超级英雄等）。在我的建议下，约翰尼的父母解构了这个幻想游戏，他们告诉约翰尼，这只是一种假装游戏，如果他继续在弟弟身上练习真正的“强力踢”（他在电子游戏中看到的），那么接下来的三天他都不能玩游戏。约翰尼根本连三小时都受不了，因此他知道自己该怎么做了。即使是很小的孩子也能理解真实与假装的区别，以及原因与结果之间的关系，“如果你再踢弟弟一次，那就三天不让你玩最喜欢的游戏”，这对于一个7岁的男孩来说并不难理解。

约翰尼“愤怒—攻击”模式的另一个有趣的点在于，当我第一次向他解释“感到愤怒并不意味着必须攻击别人”时，他的表情好像是从未想过这种可能性。我用角色扮演的方法向他展示如何避免愤怒变成攻击行为，我把要表达的内容画在纸上，教他如何用声音代替拳打脚踢或大喊大叫，从来没有人直接教过约翰尼如何表达愤怒。也许大多数男孩都需要这种直接的指导，因为整个文化传递给他们的信息就是：攻击没有错。

教导与学习健康地表达愤怒

愤怒是一个信号，是一种传达心理或身体受到威胁的信息。威胁可能是真实存在的，也可能是一种主观感受。愤怒的内核往往是恐惧，恐惧引发了体内“战或逃”的本能反应。但男孩的困境是，如果他们认为自己必须充满力量，那么他们就不应该感受到威胁……他们也不应该感到害怕（“无所畏惧”的标志再次出现）。如果你仔细想想，就会发现这是一个非人性的悖论：受到威胁，却不允许感到恐惧。在某种程度上，我认为这种感受的脱节推动了“恐惧—愤怒—攻击”的循环。

打破“恐惧—愤怒—攻击”的循环

尽管人们可能因为沮丧、疲倦、嫉妒等生气，但我观察到，许多男孩的愤怒模式非常单一，那是一种在男孩与他人关系中不断产生的循环——未经处理的恐惧、被放大的愤怒，以及攻击行为的无休止的循环，我称之为“恐惧—愤怒—攻击”循环。它似乎是男孩的生理特点与文化约束（要拥有权利）相互作用的结果。在任何年龄，人对恐惧的反应都很容易预测，而愤怒就是这种反应的一部分。从这个角度来看，愤怒其实是一种防御，保护我们免受真实的或想象的威胁。

在大多数情况下，男孩并不需要捍卫自己的生命。他们不需要让身体中所有的肾上腺素都涌向胳膊和腿，帮助他们（愚蠢地）与剑齿虎战斗或（更明智地）赶快逃跑。事实上，在大多数日常情况下，男孩需要应付的只是心理威胁。但是，如果不允许男孩感到恐惧，那么危机解除之后，他们又怎么能感受到安全呢？

▶打破循环

了解是什么触发了愤怒，你就能知道从哪里打破“恐惧—愤怒—攻击”循环。我认为在循环中的哪个位置做出改变并不重要（图6.1），如你所见，任何一点都可以是切入点和潜在变化点。如果要完全阻止攻击，那么在第一次意识到恐惧之后马上进行干预，这里是打破循环的第一个机会。例如，当一个男孩感到被嘲弄或心理上受到威胁时，他会意识到（如果他重新审视局面）实际情况并非如此。他可以通过自我对话来安慰自己，告诉自己并没有受到威胁，他很安全，他不需要变得咄咄逼人。

即使重新审视了恐惧，也无法阻止愤怒，那么几秒钟后，当他意识到自己很生气或有攻击性时，仍然可以摆脱

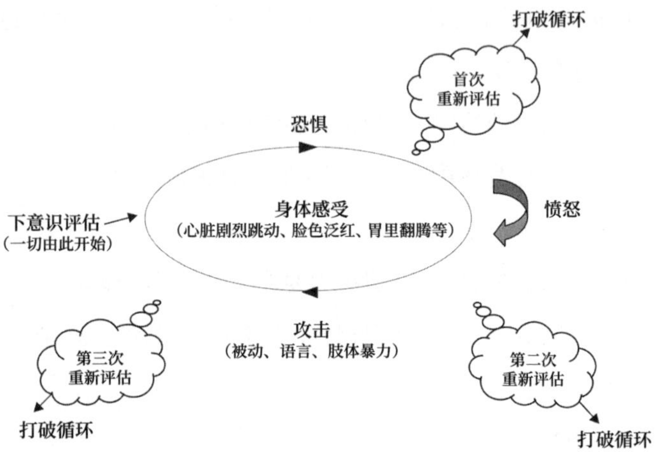

“重新评估”是一个再评价的过程，鼓励男孩们考虑以其他的方式应对，而不是变得具有攻击性或者更恐惧。

首次——问问自己是否真的处于危险中，无论是身体上还是心理上。开启“自我对话”，告诉自己“我没事”，或者“我能应付”。

第二次——告诉自己“我得冷静下来”，用这种方式代替对抗、扔东西、咆哮、推搡等行为（离开那个发生冲突的环境，换个地方让自己冷静下来）。

第三次——找个人聊聊这件事，这是个绝佳时机，让你能够通过一个客观的视角回顾这件事（这也是打破这种循环，避免让自己陷入其中的最后的机会……）。

图6.1　打破“恐惧—愤怒—攻击”循环（改变男孩人际攻击的模型）

这种循环。如果他重新审视自己的攻击性并意识到自己并不想伤害某人，那么他可以决定走开，而不是去伤害这个人（同理心无疑有助于男孩摆脱这种循环）。

要想持续努力打破循环，男孩就要观察自己在敌对情境中的身体感受。如果他能意识到自己心跳加快或脸红得发烫，那么他可能会在采取行动前，选择先冷静一下。有意识地识别和理解愤怒时的身体状态，可以帮助男孩让自己稳定下来。若能识别和关注这些重要的生理信号，他们就有时间思考，然后根据自己的感受采取行动。

我们称为愤怒的情绪有一些普遍的特征，但每个人都是独立的个体，因此，愤怒在个体之间必然存在许多差异，除了共同的特征，愤怒也可以表现为各种不同的形式。

愤怒的生理机制

感到愤怒时人体内会发生什么变化呢？研究表明，肾上腺素显然是愤怒的主要催化剂，或者正如卡罗尔·塔维斯（Carol Tavris）在《愤怒：被误解的情绪》（*Anger: The Misunderstood Emotion*）中所说的那样，肾上腺素是“愤怒的燃料”，这种激素与去甲肾上腺素一起，为我们发出“战斗或逃跑”的信号。这两种激素似乎也与愤怒和恐惧的情绪有关，两种激素功能相似，但是数量不同，它们影响着“大脑—情绪—行为”回路的不同部分。

自主神经系统（ANS）主要通过这些激素，以及其他类固醇激素与肾上腺和内分泌系统进行交流。有关情绪的生理学机制的详细讨论，请参阅第1章，你也可以阅读其他解剖学或生理学教科书。许多激素和神经递质共同作用产生某种行为，而大脑中的不同部分往往同时负责好几种行为。对于愤怒和恐惧的情绪来说，也的确是这样。

愤怒的感受VS愤怒的情绪

如前所述，肾上腺素和去甲肾上腺素似乎对愤怒的感受有很大影响。人体大量分泌时，可能会引发以下症状：心跳加快、胃部翻腾、胸部或面部发热、小腿肌肉或二头肌紧张。这些激素由肾上腺释放，并由大脑发出指令，“告诉”身体做好准备，但这种愤怒的感觉并不等同于愤怒的情绪。

实验室研究[1]表明，一个人即便被注射肾上腺素，也不一定会感到愤怒；相反，这个人会出现愤怒的生理感觉（即心血管变化）。因此，仅凭生理感受，愤怒的感觉不会变成愤怒的情绪。只有考虑到肾上腺素和去甲肾上腺素的其他功能时，愤怒的感觉和愤怒的情绪之间的区别才有意义。喜悦、嫉妒、焦虑和兴奋等情绪应该也受这两种激素影响。

1 Axe,1953; Neiss, 1988.

释放去甲肾上腺素和肾上腺素是人体压力反应的一部分，疼痛、体育锻炼、药物（咖啡因、酒精、非法或处方药等）和威胁性压力源（被冷落、发表演讲、成为接力赛的主力等）会刺激身体释放这两种激素。当你感到兴奋或无聊时，可能会释放肾上腺素和去甲肾上腺素；当你的身心自在又专注时，这两种激素的含量最低，因为此时身体不需要化学平衡；但是当你察觉到威胁时，恐惧和愤怒的情绪就会启动化学反应。因此，你的认知让你能区分愤怒的生理感受和愤怒的情绪。

评估与重新评估（重新审视）

在“恐惧—愤怒—攻击”循环中启动化学反应的一个重要因素是评估，或者思考和审视情境。尽管评估不是一种生理机制，但它们在这个生理循环中扮演着重要角色，因为它们能够调节恐惧和愤怒的情绪，以及由此产生的行为反应。

愤怒评估至少有两种：一种是无意识的反应或想法，它会自动解读正在发生的事情并“告诉”你该战斗还是该逃跑；另一种是重新评估或重新思考，这是有意识的行为。当你重新思考一种经历时，它就不再是无意识的，你不再处于自动驾驶状态。假设店员对顾客态度轻慢，顾客最初的（无意识的）评估可能是自己被故意侮辱（威胁），于是立刻大发脾气；也有可能，顾客会思考（重新评估）情况并假设店员只是心情不好，与自己无关。

重新评估转化了心理威胁，平息了怒火。顾客不再有身体层面的愤怒感受（心跳恢复正常，脸不再泛红），也不再有愤怒的情绪。在这个例子中，最初的反应是一种无意识的评估，刺激了生理反应，而随后的重新评估则调节了愤怒的反应。

再来看一个用重新评估打破“恐惧—愤怒—攻击”循环的例子。一个男孩被挑衅，这激起了他的攻击性，在受到刺激（感到被威胁）之后，他可以选择重新评估自己身处的情境：“史蒂夫真是讨厌，我以后不再和他一起出去玩了。”这样的重新评估与“挽回面子”或要夺回掌控权大不相同，它是一种有意识的理性模式，而不是一种生理性的攻击模式。

了解了愤怒的感觉与愤怒的情绪之间的区别后，你就会看到重新评估对于处理愤怒的重要性。我希望你也能看到，对于改变文化中对男孩攻击性的规定，它同样非常重要。男孩可以学习重新评估情境，这样他们就不必以攻击性来应对刺激因素（如图6.1所示）。这个循环中，在几个不同的时间点男孩都可以重新评估，但鉴于文化中有“男孩就是这样”的默许，我们一定要改变男孩在社会化过程中对攻击性的态度。简而言之，如果攻击不再是文化所期望的建立和维护权利的方式，那么当受到威胁时，男孩将更有可能重新考虑威胁的情况，而不会断然做出攻击行为，这才是终极解决方案。

当男孩“拐着弯”地以攻击的形式表达愤怒

有一年秋天，我与家人和朋友一起去山中游玩。我的朋友有两个很棒的儿子，当时哥哥大卫16岁，个头比同龄孩子高很多（又高又壮、肌肉发达），弟弟吉米13岁，身材瘦削。因为下雨，孩子们被困在屋里，时不时会吵闹一阵子。当大人们坐在门廊里聊天时，我们被孩子所在的房间里发出的声响吓了一大跳，听起来像是什么家具被撞在墙上，房屋都震动了，然后是一片惊叫。

我们冲进房间，看到又高又壮的大卫站在吉米身边，气得脸通红；吉米躺在地上，像个婴儿一样缩成一团，呜咽着，脸因恐惧也变得通红。所有的大人立刻怒火中烧，大欺小的场面点燃了我们交感神经系统中的每一个细胞，尤其是房间里还有几个小孩，他们近距离地目睹了这一切。现在他们都瞪大眼睛，像雕塑一般一动不动笔直地坐在沙发上。“几秒钟前，我们还在看大卫和吉米打游戏……为什么？……怎么会这样？……发生了什么？”他们满腹疑问，却都开不了口。

我的丈夫约翰大吼一声，喊出了孩子们的疑问：“发生了什么事！？”他的愤怒对平息事态毫无帮助，反而是火上浇油。

大卫回答时，仍因肾上腺素激增而高举手臂，紧握着拳头：“那我怎么办？光站在这里，眼睁睁看他走掉吗？”这个回答完全是对“兄弟规则”的呼应：当你的权利受到威胁时，面子最重要，要不惜一切代价取胜，要表现出攻击性。

实际情况是，吉米一整天都在嘲弄大卫，而大卫一直忍着，最多和吉米斗两句嘴。大卫从来没有考虑过把这件事告诉任何成年人（“兄弟规则”中没有这一条）。他也从未想过要坚定地要求吉米停止他的行为（毕竟，弟弟比你小也比你弱，不可能真的惹到你，对吧？）。显然，吉米也按照“兄弟规则”行事，当天晚些时候，他决定是时候用一记重拳给大卫一个惊喜了。也许吉米将这一刻视为证明自己有力量的最终机会，尤其是在一群年幼的孩子面前。

经过重新评估（花了大约40秒），我可以看到两个男孩都对自己在这场暴力冲突中的角色感受不好。一旦重新评估了情况，我就不再感到紧张：他俩都是“好”男孩，不是没有良心的暴力罪犯。当我意识到大卫的行为仅仅是出于本能而非恶意时，我的恐惧和愤怒程度都在直线下降。我可以看到大卫正处于“兄弟规则”的控制中，当时他唯一能做的就是将吉米推到墙上。

当大卫看到沙发上瞪大眼睛的孩子们时，我可以看出他已经有点后悔了。大卫的其他感受（内疚、悲伤、尴尬）让他得以重新评估当时的情况，而不是陷入进一步的攻击行为。可他还是要在众人面前“挽回面子”，这正是当时刺激他陷入攻击循环的最初评估。我决定要帮助两个男孩和解，并教导那些受惊的孩子——当你生气时，暴力不是解决办法。我是这样干预的：我当着所有人的面告诉大卫，我理解他忽然做出这种反应的原因。然后告诉他，我知道他是个好孩子，他并不想吓唬别的孩子或伤害吉米。说到这，我停了下来，我说话时他一直盯着地板看，但现在他抬起眼睛与我对视。他知道自己被原谅了，他希望被原谅（这才是真正的“挽回面子”）。

然后，我继续告诉他，处理他所经历的这种“攻击”还有其他办法。然后，我请大卫说一说，如果事情再次发生，他会有什么不同的做法。他说："我会走开，不打他。"之后，我让他向孩子们道歉（他照做了），并告诉他们不应该使用暴力解决问题（他也照做了）。然后我转向吉米，尽管他仍然很痛，但他需要承担自己在这次事件中的责任。我要求吉米为嘲弄和打哥哥道歉，和大卫一样，吉米也欣然接受，并且真诚地照做了。直到这一刻，那些笔直坐着的年幼的孩子们才终于放松下来，靠在沙发垫上。整个事件从开始到结束大约花了两分钟。

重新审视愤怒、攻击和"兄弟规则"

这件事反映了男孩愤怒时的两难处境。在各种生理力量和文化信息的影响下，大卫唯一能做的就是通过将弟弟狠狠推到墙上，重新建立自己的权威。在那一刻，大卫或者约翰从来没有想过，除了身体暴力或大喊大叫，他们还有其他选择。事实上，其他选择对他们来说根本不存在，他们受"兄弟规则"的影响太深了。当然，并不是每个男孩（或男人）都会以身体暴力或大喊大叫等攻击行为来表达愤怒。有些男孩把愤怒藏在心里，表面上丝毫看不出来。然而，无论是通过攻击将愤怒表现出来，还是将其隐忍在心，不动声色，这些都是不健康的迹象，表明愤怒会以其他方式从侧面表露出来。

男孩“拐着弯”表达的愤怒

“拐着弯”表达愤怒是指本书一再提及的观点：如果男孩不能以健康的方式直接体验和表达情绪，这些情绪将通过其他不健康的途径表达出来。愤怒就是其中之一。你可能熟悉“被动攻击”一词，它指的就是人们间接表达愤怒的方式。对于男孩来说，间接表达最常见的就是主动或被动攻击行为，比较少的是身体不舒服的症状。当我对父母提到“侧面情绪”这个词时，他们联想到孩子的行为和身体不适，就立刻能明白其中的含义。男孩的父母尤其如此，因为很少有男孩被教导以直接和健康的方式表达愤怒。

安德鲁对于父母离婚的侧面情绪

我曾经为一个11岁的男孩提供心理咨询。他突然同时出现了一系列身体问题：头痛、胃痛和睡眠障碍。他不再愿意与朋友一起玩，学习成绩也突然下降。这些问题来得太突然，以至于安德鲁的母亲怀疑是脑瘤。当所有可能的生理原因都被排除后，他的母亲意识到该带儿子去看看心理医生了。第一次会面时，安德鲁的母亲描述他是一个“敏感”的男孩（先天气质）。安德鲁小时候，只要受伤或受挫就会哭。上小学时，这种情况似乎有了很大改善，他不再轻易流泪，并结交了很多朋友。妈妈还说，安德鲁的生活中并不存在风险因素，如被虐待或被忽视。

他的父亲坦言，虽然离婚令人难过，但这已经是好几年前的事了，现在大家相处得非常好。当时他们还搬了家，但安德鲁将一切都“处理得非常好”。我从这一点开始深入探究。任何能够很好地应对父母离婚的孩子，往往只是很好地掩盖了强烈的情绪。当我进一步询问时，父母双方都回答说：“安德鲁从来没有因为我们离婚或从大房子搬到公寓哭过。他非常棒。事实上，是他帮助我们夫妻渡过了难关……”

此时，安德鲁的身体问题开始变得清晰，也许这是一种创伤后反应。大多数父母认为，如果孩子不表达或不表现出负面情绪，那么孩子就没有任何负面情绪。事实上，情况正好相反。大多数孩子都清楚地知道哪些情绪是可以安全表达的，而哪些情绪不可以。此外，男孩们还受“兄弟规则”的影响——掩饰自己的脆弱感。安德鲁自己得出的结论是：如果父母对离婚感到难过，那他就不应该难过。他决定不能让父母更伤心，但这样一来，他就抛弃了自己悲伤和愤怒的情绪。

▶厘清真相

安德鲁不仅让自己对父母离婚的感觉“消失”了，而且还面对一个新的压力源：爸爸开始约会了。父母完全没有意识到这会对安德鲁造成影响。这也能理解，因为安德鲁已经“顺利度过”了父母离婚和搬家的阶段，探视进展顺利，他在学校表现得也很好。他们相信安德鲁已经克服了所有与父母离婚有关的情绪问题。因此，当爸爸开始第一次约会时（就在安德鲁出现各种症状前一周），父母双方都没有想到这两者之间会有什么联系。毕竟爸爸的新女友人很好，而且她本来就是这家人的朋友。

通过发展心理学我们了解到，大人离婚后，孩子们总是不会放弃父母复合的可能性。这种想法有时是有意识的，有时不是。青少年也有这种情况，我有一个离婚多年的朋友，她17岁的儿子在她再婚的前一天晚上打电话问：“如果爸爸在一个小时内打电话约你，你能取消婚礼吗？”

▶安德鲁的治疗

治疗安德鲁的重点是帮助他识别和表达自己对父母“离婚”事件的感受。一开始他让这些感受消失了，但如今这些情绪都“拐着弯”地被表达出来了。我采取的方式是从当下开始，随着时间回溯。安德鲁因为爸爸和别人约会而生气，不仅因为这打破了他对父母复合的希望，也因为他的妈妈还没有约会，安德鲁担心她会感到受伤和孤单。在这个年纪，他也感觉到自己可能得再次安慰妈妈（他想象中的）受伤的感情。父母离婚后，他已经“经历过这些了”（安慰父母，这对任何孩子来说都是很大的压力）。

治疗安德鲁的另一个重点是，帮助他和父母建立恰当的界限。就安德鲁而言，他需要学习如何既共情他人的感受（比如妈妈的感受），又不会将这些感受混同为自己的感受。治疗还包括家长咨询，为家长提供教育和发展心理学的相关信息，以便在家中营造健康的情绪表达环境。有意思的是，安德鲁的父母发现，他们学到的新知识对家里的其他孩子没什么用。因为其他孩子都是女孩，她们一直都知道如何表达情绪。

从发展的角度看愤怒

每个人表达愤怒的方式各不相同，这取决于许多个体因素，包括认知和情绪发展、气质、文化条件和基因。

你可能已经注意到，大多数人长大后就不会再乱发脾气了，他们学会了不用打、踢和大喊大叫的方式表达愤怒。那么，其中的发展过程是什么样的？为什么男孩表达愤怒的发展过程往往与女孩不同？

愤怒是人之常情

要回答这些问题，我们必须从自我萌芽的概念及相伴的表征思维能力（区分自己和他人的能力）开始。有这样一种观点，只有当孩子能感觉到自己是一个独立的个体（心理上的出生）[1]时，他才会出现愤怒的情绪。如果愤怒确实与身体或心理受到威胁的体验有关，那么这个观点是有道理的，因为孩子必须将自己看作独立于他人的，而不是他人的延伸。表征思维能力开始于2岁左右，因此虽然婴儿可能因为饿了或疼痛而感到沮丧，却不会真正生气，因为他们甚至不知道自己有独立的感受[2]。

因此，爱乱发脾气与“心理上的出生”大约同时发生，这也就不足为奇了。此时，幼儿有了自己的想法，当被告知“不，不要把玩具砸在窗户上”时，他确实能感觉

1 Mahler, Pine and Bergman, 1975.

2 Zahn-Waxler and Smith, 1992.

到自己的愤怒。所有的“不”对孩子新产生的自我意识都是一种威胁，而这个年龄段的孩子又没有足够的认知技能来缓冲自己的情绪，所以会大发脾气。你想想，在这个年龄段，在很多事情，几乎是大多数事情上，孩子得到的回应都是“不”，也难怪与这个年龄段孩子的“权力斗争”总是会发生，因为现在擂台上有两个人了。

先天气质与愤怒

孩子是否常常对你发脾气，这与先天气质有关。大多数父母都比较过自己的孩子在两三岁的时候有多“好带”或者多“难搞”。当小孩子开始探索世界时，出于安全考虑，父母必须为这些探索设限，或者正如我孩子的第一位儿科医生所说：“这个年龄段的孩子，活动力超出了他们的智商。”然而，并不是每对父母都会为孩子的脾气烦恼。

当你在孩子试图用积木砸窗户时把他抱开，一个很容易兴奋或焦虑的孩子可能比随和的孩子更容易产生强烈的愤怒反应，后者会更快地平静下来。旁观者的看法也很重要，有些父母可能认为愤怒是一种健康的情绪，而不是“坏”情绪。事实上，心理治疗师也是这么认为的。以下引自著名发展心理学家亚伦·施罗夫（Alan Sroufe）的观点，可谓一语中的：

一个性子急的孩子可能容易生气，对其他孩子怀有敌意，无法控制自己的冲动，并且自我价值感较低。但这样的孩子也可能是热情的、精力充沛的、高效的、令人愉悦也非常自爱的。

孩子如何管理愤怒，以及他们的情绪倾向如何，与家庭中的成年人如何理解和应对自己的情绪及管理自己的愤怒有关。在一个曾经找我做心理咨询的家庭中，既有“随和”的孩子，也有“难相处”的孩子。不同孩子的气质反映了不同家长的气质（男孩像爸爸，女孩像妈妈）。这个家庭的情况最终发生改观，是因为父母开始认真思考自己的个性，以及对最像自己的那个孩子的影响。若孩子的性情与父母相似，出现的情况可能像在天堂，也可能像在地狱。这取决于父母能否接受、面对和喜欢自己。

父母越喜欢自己，就越喜欢与他们气质相似的孩子。这并不意味着完全没有冲突或者大家一定能和睦相处，而是意味着日常生活的氛围能让孩子感受到自己被喜欢。当父母理解并喜欢自己时，他们就能理解并喜欢自己的孩子。先天气质似乎在这个互动过程中发挥了重要作用，事实上，孩子是否喜欢自己与父母、养育者和教师的影响是分不开的。

不言而喻，自我接纳是情绪健康的保护因素。虽然脾气不好的男孩可能很难控制像愤怒这种会引发强烈生理反应的情绪，但我们可以教他们如何去做。首先，喜爱这些男孩也许就成功了一半。

愤怒与攻击的环境关联

虽然先天气质会影响一个人的行为倾向，但环境因素也会引发或降低儿童的攻击性。在研究人类发展的亲社会方面（同理心、同情和对他人的关心）时，研究者也会看到儿童的攻击性。举例来说，未展现亲社会行为的孩子经常表现出反社会行为，例如不关心他人和缺乏同理心。攻击性和暴力行为就是对他人缺乏关心的具体表现。

▶家庭中的暴力

数十年的临床观察和实证研究显示，儿童的攻击性和反社会行为与生活在暴力家庭中有关[1]，这种暴力可能包括

1 Crittenden and Ainsworth, 1989; Dodge, Pettit and Bates, 1990；George and Main, 1979.

目睹暴力或成为暴力的受害者。尽管并非所有在暴力家庭中长大的孩子都会变得好斗和暴力，但好斗的孩子通常在家庭中目睹或经历过“恐惧—愤怒—攻击”循环。简而言之，他们是在家里学到了攻击行为。他们了解到，成年人的愤怒是无法控制的，因此攻击和暴力是表达愤怒的方式。

这些孩子还学会了保持戒备，以及如何有选择地留意诸如语调、面部表情、身体姿势，以及姿势中传递的不友好的信号[1]，这对男孩愤怒循环的运转有重大影响。曾遭受暴力侵害的男孩对威胁的评估和对不友好信息的感知是不准确的，这会扭曲他们对恐惧的感受，导致不准确的评估，进而一次次引发攻击行为。如果他们不能对此进行重新评估或更准确地“重新思考”，这种情况就无法改善。

▶文化对男孩攻击性的容忍

我们已经了解到，在家里目睹或经历过暴力的男孩在生气时往往会变得好斗。那么，为什么在非暴力家庭中长大的男孩也会变得好斗呢？让我们从更广泛的文化环境中看看对男孩攻击性的容忍度，或许就能找到答案。

有一项研究证明了文化对男孩攻击性的容忍[2]。研究

1 Dodge, Pettit and Bates, 1994；Rieder and Cicchetti, 1989.

2 Condry and Ross, 1985.

要求参与者观察两个正在玩耍的孩子，两个孩子都穿着厚厚的羊毛防雪服，无法识别性别。如果被告知两个孩子都是男孩，那么观察者“看到”的攻击性就比被告知观察对象是两个女孩或一个女孩和一个男孩时要少。这项研究表明，人们更能包容男孩的攻击性。

▶娱乐与攻击性

除了社会对男孩攻击性的包容，当代的美国男孩还生活在充满暴力的文化中。看看电子游戏、电影、电视和职业体育，方方面面都强化了男孩的攻击行为。在班杜拉、罗斯等人[1]的经典研究中，男孩在观看暴力电视节目后，立即开始打充气的不倒翁娃娃。此后，还有很多研究显示了攻击性与观看暴力节目之间的联系。

世界摔跤联盟（World Wrestling Federation）和暴力的电子游戏给美国的男孩上了生动的一课：攻击性是被容许的，这只是娱乐而已；不要担心对方的感受，只要获胜，就能赢得权力和统治地位，就能得到尊重；必须打垮你的对手。此外，男孩学到这些教训（娱乐）的年龄越小，就越难以理解这一切都是不真实的，难以理解为什么不能在家里对表

1 Bandura, Ross, and Ross, 1963.

弟做出这样的行为。

在美国世贸中心和五角大楼遭受恐怖袭击之后，娱乐业的第一反应是一些玩具制造商下架了许多暴力游戏，并重新设计了电子游戏。电视和电影制片人也做出了类似反应，他们对即将上映的电视节目和电影中的暴力片段进行了删减。我希望娱乐业这种减少暴力元素的承诺可以继续。

▶攻击行为的性别差异

性别差异在同理心的发展和愤怒的发展过程中有许多相似之处。进化理论家和研究人员认为，为了生存，人类的雌性在进化过程中变得更有爱心和同情心（以承担生育和抚养孩子的任务），而雄性则进化得更具攻击性（猎杀乳齿象和其他大型动物）。这类观点强调的是生物学的作用。

长期以来，心理学家一直在研究男孩是否比女孩更具攻击性的问题[1]。在研究人类行为时，跨文化研究可能会有所帮助。劳拉·卡明斯（Laura Cummings）研究了墨西哥一个暴力部落克罗斯（Cholos）的女孩，以深入研究关于性别和攻击性的关联。她的人类学研究表明，这些女孩可以和男

1　Basow 1992; Maccoby and Jacklin, 1974.

孩一样具有攻击性。事实上，克罗斯人的攻击行为包括踢、用棍子打、挥刀对战，以及包括枪击在内的其他致命的打斗行为。卡明斯的研究结论是，在攻击性方面，文化规则对女孩和男孩的影响是超越基因影响的。

流行病学研究（为了解特定行为、疾病等进行的大规模研究）为攻击性的性别差异提供了更多信息，其中一项指标是异性恋约会暴力（身体侵害和性侵）的发生率。1997年和1999年马萨诸塞州的青年风险行为研究，对8173名公立高中学生进行了调查。结果显示，大约1/5的女生（1997年为20.2%，1999年为18.0%）报告曾遭到约会对象的身体侵害或性侵[1]。在1995年早些时候的一项研究中，女孩报告遭到约会暴力的比例是男孩的7倍[2]。研究人员推测，男孩较少将约会暴力视为攻击行为。

无论个人的理论导向如何，我们都不能忽视在社会和文化期待中形成的针对女性的关怀取向和针对男性的攻击取向。在儿童同理心或攻击性的发展中，相较于生物影响，环境的影响也很重要。也正因如此，父母和男孩才有可能打破“恐惧—愤怒—攻击”循环。

---

1 Silverman, Raj, Mucciand Hathaway, 2001.

2 Massachusetts Departement of Education, 1996.

用健康的方式表达愤怒

那么，男孩如何才能将攻击行为转变为通过健康的方式表达愤怒呢？可以肯定的是，这对男孩来说是持续一生的过程（真的，对每个人来说都是如此）。找我咨询的一些成年男性和女性，他们都三四十岁了，还是会乱发脾气。有人会说，因为愤怒采取攻击行为的人，就像个2岁的孩子。掌控愤怒是每个人生命中的一个重要里程碑。学习控制愤怒，先要了解愤怒在你的身体和心理层面的运转方式，然后才是学习如何以非破坏性、非攻击性的方式表达愤怒。

文化的影响（攻击性是被允许的）导致男孩将恐惧埋藏在心中。怒火一直被掩埋，直到它像火山爆发一样，喷出炽热的岩浆。但男孩可以打破“威胁/恐惧—愤怒—攻击”循环。在这个循环的任何一点进行干预都会很有效，因为任何变化都能改变这个循环。

我相信，在“恐惧—愤怒—攻击”循环的任何一点开始有意识地重新评估或重新思考，都非常有帮助，我将其作为主要的干预工具。以下建议可以帮助男孩重新思考他们的愤怒体验和表达方式。能从源头阻止、杜绝攻击的发生当然很好，但如果能在循环中找到第二次机会进行干预，也很有价值。事实上，愤怒一般都会经历几次循环，才会最终消散。

用健康的方式表达愤怒的基本课程

以下建议作为基本指导方针，适用于家庭、课堂、运动队、兴趣班，以及孩子们一起玩耍的时候等各种场合，且适合任何年龄段的男孩，但具体操作方式可以根据孩子的年龄和先天气质做出调整。

◉ 教男孩了解愤怒。重新思考愤怒和攻击性的第一步是教育。男孩不仅要知道愤怒是人之常情，他们还要知道攻击行为是一种选择。帮助男孩消除迷思，让他们明白，拒绝愤怒、无法控制愤怒，或者把愤怒藏起来，并不表示坚强。让男孩明白，用健康的方式表达愤怒可以防止愤怒以其他方式表达出来。

◉ 向男孩展示“恐惧—愤怒—攻击”循环，以及如何打破这个循环。指导他们对自己的无意识评估进行重新思考，进而做出其他选择。这种方式非常有力量，能将愤怒和恐惧转化为同理心，从而带来理解和改变。

◉ 获得男孩的承诺：下决心将具有攻击性的愤怒表达转变为健康的愤怒表达。如果一个男孩自己没有下定决心，他就不会改变。

◉ 教给男孩健康表达愤怒的三个简单规则：不能伤害自己，不能伤害他人，不能破坏财产。

◉ 帮助男孩识别他们的愤怒触发因素。首先关注他们受伤害、恐惧的感受以及是否感到有威胁，然后继续探索次级反应，比如感觉自己不重要、失落、孤独、嫉妒、受辱等。

◉ 向男孩展示如何识别愤怒的身体信号。这种感受会发生在头部、嘴巴、胸部，还是手臂、腿、肠胃呢？感到热还是冷？心脏会怦怦直跳吗？在哪里感到有压力呢？探索他们的身体在愤怒时还会有什么特别的反应。

◉ 在家中示范健康的愤怒表达方式。审视自己，观察自己是如何表达愤怒的。如果你也有攻击行为（无论是主动的还是被动的），那么你要做出改变，并告诉孩子你正在努力，被男孩们视为榜样的父亲（以及叔叔或哥哥）尤其要注意这一点。健康的愤怒表达很简单，就是明确地（而不是攻击性地）将愤怒的感受说出来。避免使用“你让我生气”这样的话，这是推卸责任。用“我……”开头的表达更准确，也减少了戒备的感觉。“我很生气，因为你没有按照承诺打扫你的房间（车库或狗屋）。”这里的重点是男孩的行为，而非错误归因。

◉ 直面男孩隐藏的愤怒以及他们被动或具有攻击性

的发脾气风格。和所有人一样，男孩经常以这三种不健康的方式应对愤怒：忍住并尽量回避，激烈地以暴力（言语或肢体）的方式表达，以退缩或沉默（拒绝交谈或合力解决冲突）的方式被动地表达。这些行为都是不健康的，必须直接面对。由于文化（媒体、“兄弟规则”等）的影响，大多数男孩更容易采取身体攻击的方式。大喊大叫、嘲弄、拳打脚踢往往被认为是“正常”的男孩行为。

◉ 提供攻击之外的其他方法。比如可以跟一个2岁的孩子说：“约翰尼，你不能打我，但你可以告诉我你很生气。”对于未成年人或青少年，可以说：“杰米，你不能对我大喊大叫，但你可以去你的房间冷静一会儿，稍后再和我谈谈。”

◉ 改变你对儿子和其他男孩的性别角色期待。允许男孩感到脆弱，并提醒他们：真正的男孩不是非得强势和主宰一切。

◉ 当你的儿子生气时，别把他的问题揽在自己身上。就好像他正在通过一座桥，而你要做到两点：第一，不要挡他的路；第二，不要站在另一头上蹿下跳（无法控制自己的怒火）。

◉ 如果不健康的攻击模式再次出现，别气馁，毕竟旧习难改。用你的理性调整自己的恐惧和失望，着眼未来，想想他已取得的进步。记住，他此刻的行为并不代表他长大后的举止（不必用望远镜看问题）。成长的路还长着呢！

怒火燃烧的当下，父母可用的工具

父母一定记住，要保持冷静。如果两个人都情绪失控，愤怒会更快升级为攻击行为（一个巴掌拍不响）。

◉ 不要在愤怒中实施惩罚，等你和儿子冷静下来再说。

◉ 允许你的儿子感到愤怒。可以跟他说“我理解你的愤怒”或“要是我，也会生气”这样的话（你会惊讶地看到，通常这类话都能很快缓和气氛）。

◉ 不要羞辱他的愤怒感，但要限制攻击性。如果你真正想表达的是“不要攻击他人”，那就不要说“你不应该生气”。

◉ 在情绪缓和后，找到攻击之外的其他解决方法。

◉ 处理攻击行为的方式要一以贯之，不要因为累了或不知所措而“网开一面”。

◉ 关注进展，适时表扬。当男孩做得好时给他反馈，无论是减少了攻击性，还是增加了健康的愤怒表达，都很重要，他需要认可。

◉“暂停”对“2岁的孩子”“青少年”或成年人都有效。

有时你需要给儿子的只是一个让他控制自己的机会。无论他是2岁、10岁还是16岁，一个冷静的空间会对他有好处。但别忘了，在大家都冷静下来之后，要一起回顾、反思之前发生的冲突。

◉让你的家成为对攻击性“零容忍”的地方。

怒火燃烧的当下，男孩用健康的方式表达愤怒的具体步骤

前面的建议旨在让成年人可以帮助男孩——不要用攻击的方式表达愤怒，但仅仅告诉男孩生气时不能做什么是不够的，他们还需要知道可以做什么。简而言之，如果去掉了某些东西（比如攻击性），那么男孩需要其他东西来替代。男孩可以通过三个简单的步骤学习如何在盛怒时做出不同的选择（肯定有助于打破“恐惧—愤怒—攻击”循环）。

1. 生气时刻意延缓行动。告诉孩子们可以暂停一下，在采取行动前先等待几分钟（或几秒钟），情况就会有很大不同（“数20个数”这个方法的效果被严重低估了）。让男孩们知道，能从糟糕的（一触即发的）环境中走出来，意味着他们具有良好的判断力。

2. 生气时可以自我对话。告诉男孩，自我对话就是自己对自己说话，只不过是在你的脑海里进行。在情绪激

动时告诉自己“我能处理好”，这个办法甚至帮助一位48岁的CEO和一位56岁的物理学家控制了他们的愤怒。肯定的表达，如“我没事”或“我很好”，能让肾上腺素不再大量喷发。告诉男孩，身体听从头脑的。自我对话产生的镇静效果有助于男孩理性地进行重新评估。

3. 提前计划好，执行另一种身体动作。当然，男孩并不总能知道自己什么时候会生气，但是他们可以提前计划好生气时该怎么做。如果文化允许男孩不使用暴力，他们将更有可能在愤怒时控制自己的身体反应，然后离开，去跑步或去健身房锻炼，用这些方式释放身体的紧张感和多余的能量。

总结

男孩最终如何表达愤怒，在很大程度上取决于他们学到了什么。美国文化对攻击性普遍很包容，男孩从中学到了很多东西。即使考虑到个人气质和进化的影响，关于如何宣泄怒火，以及是否会导致经常性的攻击行为，在很大程度上也取决于孩子们学到了怎样的愤怒表达方式。此外，性别也有一定的影响。

第七章

给父母：家庭能做什么？

家庭生活是情绪学习的第一所学校。

——丹尼尔·戈尔曼《情商》

男孩的情绪发展主要但不完全是由家庭决定的。本章的大部分内容结合了发展心理学和临床心理学的理论，帮助父母理解家庭的影响、男孩的先天气质以及男孩的社会化之间的关联。希望我阐述这些信息的方式能方便家长理解，让大家觉得有用。我建议家长每天循序渐进地改变对男孩情绪的回应方式，而不是马上换用一整套全新的方式。我希望既尊重父母与儿子之间已有的沟通模式，又能有一些拓展，让父母得以帮助男孩发展情绪技能。

快速了解：男孩眼中的情绪表达

您可能已经发现，在讨论男孩的情况时，我有时会拿女孩做比较。这样的对比仅仅是为了更全面地呈现人类的情绪表达方式，而男孩往往不被允许有这样的表达。来看看下面这个真实的故事。一天晚上，已经快到睡觉时间了，二年级的莫莉坐在沙发上。那天晚上，莫莉像往常一样活泼开朗，但一提到该睡觉了，她就突然沉默不语。爸爸问她怎么了，莫莉的眼里顿时充满了泪水，脸色阴沉下来。然后她说：“我不想再坐校车了。那些小朋友总是吵个不停，也不听校车司机的话。今天下午，司机说明天早上要把我们都送去校长办公室！”

莫莉的爸爸专心地听着，明白了女儿心情变化的原因。显然，莫莉本来已经忘了自己的担忧，而睡觉的时间快到时，她想起了第二天会发生的事，继而又想起将要乘坐校车。爸爸首先问莫莉是否听从了司机的指挥（也许莫莉只是害怕因为不听话而被惩罚），莫莉告诉爸爸她一直都很听话。然后他又询问莫莉有何感受，莫莉回答说：“我感到害怕……和生气。”爸爸向莫莉确认，她没有做错任何事，她的感受是有道理的。莫莉看起来轻松多了，然后，爸爸问她为什么感到生气（“因为我没有做错任何事，却也要去校长那里”）和害怕（“因为我不喜欢那些孩子不听校车司机的话”）。莫莉的爸爸告诉她，所有这些感觉都是有道理的，如果他是莫莉，也会有同感。

然后，莫莉和爸爸一起商量，为第二天在校车上该怎么做制订了计划。他们还讨论了如果莫莉去校长办公室，那么她该做什么和说什么。计划订好后，莫莉的脸上一扫阴霾，恢复了往常的笑容。看起来她好像从肩膀上卸下了整个世界的重量。对于二年级的学生来说，这可不仅仅是个比喻。那天晚上，莫莉一躺下就睡着了。

行为背后的情绪

上面描述的场景在不同的家庭中无数次地上演，问题可能不同（在学校遭到欺凌、面对重要的考试、参加校队选拔赛、和心爱的人分手等），但感受情绪和表达情感的需求，以及被理解和解决问题的需求并无区别。当悲伤和愤怒的情绪淹没一切时，孩子们只有得到成年人的帮助，才能从情绪中抽身出来，找到解决问题的方法。否则，悲伤和愤怒的情绪可能会“消失不见”，或者以其他方式表达出来，孩子们就没有机会学习如何以直接和健康的方式表达并应对情绪。

也许你会好奇，为什么我要讲莫莉的故事。这是因为，这样的故事常常有一个美好的结局——对女孩来说。如果莫莉变成“麦克”，同样的故事就不太可能以相同的方式发展。如果你读过前面几章，就会很熟悉背后的原因。男孩学到的是：说“我害怕”是不好的（有些男孩甚至认为连感到害怕也不行）。在生气或害怕时，男孩往往会变得充满攻击性（而不是说出自己的感受）。

如果莫莉是个男孩，那么当被问到“你怎么了”时，回答可能是“没什么”。“兄弟规则”要求男孩为了“坚强”而掩饰自己的脆弱感受。如果莫莉换成麦克，这个孩子可能会隐藏自己的恐惧和愤怒，并且可能会在那天晚上表现出躁动，做出蠢事，或者睡不着觉。

如何培养出一个懂得以健康的方式打破社会常规（也就是“兄弟规则”）的男孩，这始终是为人父母的挑战，而其中一个重要的部分就是看到行为背后的感受，并知道如何应对。

鼓励儿子表达感受，不会让他变得懦弱吗

不会的！让儿子表达感受并不会把他变成一个懦夫。正如第1章所述，许多父母就是出于这样的担忧，才抗拒男孩表达情绪。他们担心如果儿子感受到并表达出自己的情绪，他就可能变得不像男孩或者缺乏阳刚之气。不仅如此，他们还担心，如果儿子违背了“兄弟规则”，他很可能被那些遵守“兄弟规则”的男孩排挤。但是，如果可以证明男孩即使从小就了解并能够表达情绪，他们仍然是坚强的，仍然是“真正的男孩”呢？为了支持这一看法，让我们先来看看女孩的社会化过程和行为。

在公共场合，男孩和女孩都表现出阳刚气质。男孩和女孩都知道在公共场合要克制自己的情绪，女孩和男孩一样不愿意被人看到在学校掉眼泪。女孩也表现出“男子

气概”的特征，例如自信、独立、逻辑推理能力强，以及目标导向。然而，在家庭中，大家对女孩脆弱的情绪更加包容。换句话说，女孩哭没关系，但男孩不能。然而，你看到过多少女孩在学校里哭？你看到过几个职业女性在工作场所流泪？我并不是说哭是不好的。我要说的是，父母担心一旦关注和重视男孩的情绪，他们的儿子就会成为“懦夫”，这种担心显然是没有根据的。

因此，尽管相比男孩，女孩的脆弱情绪更能得到父母的包容，也更能被社会接受，但女孩与男孩在公共场合的行为结果似乎是相似的。女孩对外的表现和男孩一样强硬，并不总是哭泣和退缩。这一观察表明，父母为了不让儿子成为“懦夫”而付出的种种努力实际上反而会削弱男孩的情绪发展，而不是让他们变得更“坚强”。

“兄弟规则”无所不在

在过去，我在工作中接触过上百名行为举止很“阳刚”的青春期女孩。家长们总说他们的女儿不愿意谈论自己遇到的问题（“我不想说”也是如今女孩们常挂在嘴边的话）。从表面上看，如今的初中和高中女孩似乎和男孩一样“坚强”，女孩们也自我封闭，隐藏自己的感情。这种情况可能是因为尽管男孩和女孩情绪的社会化方式不同，但他/她们都生活在男性文化中。虽然女孩不像男孩那样被迫遵守“兄弟规则”，但女孩（和女性）也了解并经常遵从这些规则，因为这些规则定义了在当今社会主流文化中生存和获得成功的法则。

遇到转变和发生问题时，女孩比男孩拥有更多的情绪出口。这似乎与男孩和女孩的社会化过程不同有关，虽然女孩们学会了如何对外表现得强硬，但她们仍然能接触到自己柔软的情绪。简而言之，也许男孩也可以既学会如何感受情绪，又能在必要时表现得“强硬”。

我将男孩和女孩做对比，是希望你们能够认可和呵护孩子的所有情绪。最终的结果是，他们会意识到自己可以感受情绪，并不会因此变得懦弱。放下这种恐惧是父母（当然也是男孩们）最大的挑战之一。

第3章针对男孩在不同年龄段的发展，已经提供了一些重要的建议。在本章中，我为父母提供了更具体的思路和策略，以帮助他们在日常生活中一步一步做出改变，也帮助他们能及时掌握男孩的情绪发展状况。除非另有说明，本章提出的大多数建议都适用于任何年龄段的男孩。

为男孩打造情绪的阿普加评分(Apgar score)

所有孩子一出生就会立即接受对他们的第一次评估——阿普加评分,这是孩子出生后1分钟和5分钟时的基本生命功能的一项医学评估。如果在肤色、心率、刺激反射、肌肉张力和呼吸等任何一个方面发现问题,10分钟后需要再次评估(弗吉尼亚·阿普加是发明这种评估的麻醉师的名字)。我认为应该有一个情绪阿普加评分(EAS),以评估和监测儿童的情绪技能。我们应该定期对男孩进行EAS评估,因为他们的情绪技能经常被忽视。正如呼吸是新生儿身体健康的生命线一样,我认为情绪是男孩心理(和身体)健康的生命线。

以下这个EAS评估并非标准化或规范模型,这只是我创建的一套指导方法,帮助你们思考男孩的情绪发展。我设计这个评估时参考了皮亚杰的“认知发展阶段”理论以及梅尔和萨洛维的情绪技能表。以下就是这个EAS的大纲、评分建议,以及这些技能初次出现和可以培养的大致年龄(注意:所有这些技能都应该在男孩的成长过程中持续得到培养)。

情绪阿普加评分

说明:阅读每项技能,判断孩子的情况并打分。

没有=0

有，有时有=1

有，经常出现=2

◉ 用面部表情和语言表达情绪：1岁以上或开始使用表达性语言（此技能特别重要，因为它是其他技能的基础）。

◉ 识别情绪：2岁以上，使用有表现力的语言（例如，“我很难过”“我很开心”等）。

◉ 融合积极情绪和消极情绪：7岁以上（例如，“我很生气，但我爱你”）。

◉ 融合思想与情绪：7岁以上（例如，“我很难过，但我理解……”）。

◉ 分析情绪：11岁以上（例如，了解情绪如何与思想和行为相关联），分析能力与抽象推理能力同时发展。

◉ 调节情绪：16~18岁应该能够控制情绪（例如，掌握和控制愤怒、兴奋、动机等）。情绪调节会根据孩子的年龄和情绪类型有所不同，并且随着孩子年龄的增长变得更容易。

▶EAS评分指南

2~6岁，满分4分；小于4分，需要你的关注！

7~10岁，满分8分；小于8分，需要你的关注！

11岁以上，满分12分；小于12分，需要你的关注！

▶评分

你会注意到，这个量表只有满分，没有其他分值。这是因为只要不到满分，就应该引起你的关注。回到最初的“阿普加评分”，想想看，如果你的儿子只是“有时”呼吸，那么他绝对需要你的关注！如何使用这个EAS评分呢？你可以动笔为孩子打分，也可以将它记在心中，作为你与儿子日常互动的参照。请记住，这不是标准化的测试，只是促进你思考和了解儿子情绪发展的指南。

教儿子表达情绪至关重要

情绪表达是非常重要的技能，因此有专门的章节进行讨论（见第4章）。在这里，我想详细说明父母为何必须且如何能够为男孩做出健康表达情绪的榜样。所有父母，无论是单身还是已婚，都能为孩子做出谈论感受的榜样。

我不认为存在一种“情绪表达基因”，有些人有，有些人没有。尽管民间传言和一些科学研究以及媒体报道经常强化性别刻板印象，即女孩比男孩更善于表达情绪，但这并不意味着这种技能是由基因决定的。相反，这似乎是一种社会习得的性别差异。因此，无论是父母还是继父母，单身或已婚，每个人都可以通过表达自己的情绪来教儿子表达情绪，并告诉他们表达情绪没什么错。

尽管男性和女性都可以为男孩的情绪表达树立榜样，但同性别榜样的影响力更大。虽然女性榜样可以教给男孩情绪表达的必要技能，但这可能不足以帮助男孩挑战“兄弟规则”。为什么？通常一个男孩需要真正看到一个男人打破“兄弟规则”，然后看到这个男人（也许是他的父亲或继父）并没有因此损失阳刚气质，也没有受到伤害（没有被排挤，更没有因违反规则而受到惩罚）。看到性别榜样打破“兄弟规则”，有助于推动男孩在必要的时候做出同样的举动。

下面这则轶闻描述了在帮助儿子表达自己的感受方面，父亲的力量有多大。罗伯特·赖希（Robert Reich）是20世纪90年代后期美国劳工部部长。这个职位要求他每天工作14个小时，因此他很少见到儿子们。一天晚上，赖希的儿子萨姆要求爸爸晚上下班回家时叫醒他。爸爸拒绝了，因为那时候时间肯定已经很晚了，但萨姆不肯退让。当赖希询问原因时，萨姆说，他只是想知道爸爸在身边。事情的结果是，罗伯特·赖希听到了萨姆“敲响”的响亮而清晰的“警钟”，不久后就辞去了劳工部部长的职务。

我分享赖希告诉我的这个故事，并不是让父母们辞掉工作。我想以此为例，让大家看到一个儿子如何分享自己的脆弱，一位父亲又是如何倾听和尊重这种脆弱的。在这个过程中，萨姆学到并遵循了一条新规则：可以感到脆弱，并且可以告诉父亲“我需要你”。我们并不了解萨姆是如何学会打破“兄弟规则”的，但我们知道赖希认可了儿子的情绪表达。他因为情感（而不是财务、理性等）原因辞掉位高权重的工作（并仍然是一个男子汉），这就向儿子做出了打破“兄弟规则”的榜样。

如何避免儿子的情绪“消失”

父母一定要记得直接鼓励儿子健康的情绪表达。如果这样的表达被忽视或没有得到认可，那么男孩可能会觉得羞耻。在赖希家的故事中，儿子的情绪表达得到了直接而积极的强化。当然，大多数父母不能就这样辞掉工作，但他们可以用很多方式直面儿子的情绪需求。

▶直面男孩的情绪

直面男孩的情绪非常重要，因为在更大的文化环境中，他们的情绪总是被无视，其原因在本书中已经讨论过。直面男孩情绪的基本方法是：当你的儿子大声说出他的情绪和感受时认真倾听，然后你可以说“我觉得很合理”。仔细想想，这也没什么难的。你还可以做一些补充说明，例如让他了解我们的文化通常如何忽略男孩的感受，告诉他你知道男孩经常因表达感受而遭到惩罚或嘲笑。实际上，这就是对第2章中概述的“兄弟规则”的讨论。在与儿子交谈的过程中，你可能会了解一些新的“兄弟规则”，虽然大多数规则是通用的（例如男孩不能哭），但也有些规则可能因地区不同而有所不同。

▶分享你自己的故事

许多父母发现，讲述自己年轻时的故事有助于确认男孩的情绪，尤其是父亲，但记住不要讲一个乌托邦式的或完美的结局。男孩需要听到的是其他男孩和男人在情绪困境中挣扎，需要学习在现实生活中如何应对。当儿子被女友抛弃时，一位父亲讲述了自己的故事：“我记得当年，我约瑞秋和我一起出去，被她拒绝了。我很尴尬，因为每个人都知道我约了她。我也很难过，因为我真的很喜欢她。”分享这样的故事是认可感受的一个很好的例子。

▶成为情绪侦探

认可儿子情绪的另一种方法是成为“情绪侦探”。无论儿子多大，你都要探寻他行为背后的恐惧、愤怒、悲伤和伤痛。

如果他表现出攻击性，你要探寻其中是否有恐惧、伤痛或愤怒；如果他看起来很郁闷，你也要探寻同样的情绪（抑郁往往来自深藏内心的愤怒）。当青春期男孩带着委屈提出要求：“为什么我16岁时不能有车，其他人都有！”你也要在这种“权利被剥夺”的表象之下探寻同样的情绪。探寻的过程有时很困难，但你会发现这是值得的。

无论儿子多大，在探索或谈论他的感受时，不妨使用“重要感受”这样的词来描述和认可他痛苦的感受。“重要”这样的词似乎常常可以穿透男孩或男人坚硬的外壳，直抵他们的内心。当然，最健康的途径仍然是把讨论感受作为日常生活的一部分，从一开始就避免发生类似的情况。这也正是认可儿子情绪最好的方法。

▶记住：男孩的情绪很重要

无论积极情绪还是消极情绪，如果能表达出来，包括写出来，也会让人感觉更好。佩尼贝克（Pennebaker）的研究支持这一说法，认为情绪表达有益身心健康，这项研究需要让更多人知道。谈论感受不仅有益于情绪健康，似乎也有益于身体健康。当你欢迎情绪进入男孩的生活时，请记住这一点，这对整个家庭都有好处。

如何教男孩辨认情绪

帮助男孩了解情绪最快且最有效的方法，是将谈论感受和情感需求作为一种家庭规范，让它成为日常惯例。如果你还没有这样做，现在开始改变也不晚。教你的儿子识别情绪最好且最简单的方法，就是问他：“你对此感觉如何？”无论孩子多大，这个问题都是灵丹妙药。

然而，许多父母和兄弟姐妹不会在家里直接表达情绪，因此谈论情绪需要成为整个家庭对话的一部分。对于男孩来说，看到他们的父母相互询问以及向兄弟姐妹询问这个问题都是非常重要的。这样做就能将谈论情绪变成家庭规范。

年纪较小的男孩需要父母帮助他们为不同的情绪命名，有时候，一些年龄较大的男孩也有这种需要，特别是如果他们年幼时没有接受过太多的情绪方面的教育。对婴幼儿来说，将他们的感受用语言表达出来是对情绪的镜映（见第3章）。此外，由于接受性语言（理解词义）的发展先于表达性语言（说话和做手势），男孩甚至可以在还不会说话的时候就能理解有关的情绪信息。因此，早期镜映对于男孩情绪技能的发展至关重要。之后，随着男孩长大并进入青少年时期，简单的询问，如“你觉得怎么样，托比？”就可以加强这些情绪技能。

“我的儿子跟我说了他的感受……然后怎么办？”

每当父母在心理咨询室问我这个问题时，我都很钦佩他们的勇气。对于父母来说，这往往是一种全新的体验，所以他们不确定下一步该做什么。回应男孩情绪时最重要的原则是，父母绝不能对男孩的情绪表示不屑。因分享情绪或情感需求而感到羞耻，这种感受可能是影响男孩健康情绪发展的最大威胁。只要文化规范没有改变，男孩几乎在任何地方都会因为表达自己的感受或情感需求而受辱。因此，你必须让自己的家庭成为儿子谈论情绪的安全场所。以下是一些回应儿子情绪表达的具体方式。

▶全球通用的（也是最佳的）回应

当你的儿子告诉你他对某事的感受时，首先是倾听，然后可以这样回答：“我觉得（你有这种感受）很合理”，或者“我理解你的感受”，就这么简单。当然，如果问题较复杂，除了认可情绪，你还需要帮忙解决问题。

▶做好准备

如果你不习惯谈论感受或倾听他人的感受，你可能需要先做一些准备。爸爸可能会觉得尤其困难，因为他们在情绪表达方面的练习较少（也已被“兄弟规则”社会化），而妈妈在更大的环境中其实也经历了相似的社会化过程。尽管妈妈可能更习惯于表达自己的情绪，但有些女性也不习惯谈论或倾听他人的感受。

当儿子有表达感受和情绪的需求时，父母不知道该做什么或说什么，这是很常见的反应。我曾为许多男性和女性提供心理咨询，他们很乐意询问儿子的感受，但对于怎么回答却没有信心。我记得一位父亲拼命想帮助他患抑郁症的10岁儿子，这位父亲勇敢地提出了问题：“在他告诉我他的感受后，我该怎么对他说？”

▶让你的情绪指引你

想想自己的情绪需求。当你谈论自己的积极情绪和消极情绪时，你可能不喜欢被打断。你可能需要听到别人的认可（“我明白”或“那是有道理的”），你也不想因自己有情绪而感到羞耻。下次在你的儿子需要谈论感受时，如果你能记得自己的这些需求，我相信你就能以健康的方式做出回应。

▶在家庭中练习同理心

同理心是情绪体验的一个非常重要的方面，因此整个第5章都在专门讨论这个主题。请仔细阅读第5章，然后一定要在家人之间相互给予和接受同理心。

▶在家庭中练习健康的情绪表达

愤怒和恐惧是最难调节的两种情绪。当父母的愤怒失控，变成言语或身体攻击时，会对家庭有毁灭性的打击。但是，如果经常练习同理心，那么愤怒就不会失控。同理心是对抗攻击性、自恋和“兄弟规则”的解药。

要在家中实践健康的愤怒表达方式，请检查自己的愤怒风格。你是被动攻击型（冷战），还是语言暴力型（大吼、尖叫），或是身体暴力型（打、踢、摔东西）。你的愤怒风格是如何习得的？了解自己表达愤怒的方式很重要，因为与许多其他行为一样，您正在示范或教儿子如何表达愤怒。

所以，如果你还没有学会如何控制自己的愤怒，那么你现在必须学。找到你的“导火索”（什么让你的情绪爆发），直接面对隐藏在“导火索”后面的恐惧，成熟地应对，像个成年人而不是2岁小孩那样。一种控制愤怒的方法，是在你努力控制自己的脾气时大声说话（这也是很好的示范）。比如，你可以说：“我现在很生气，我需要出去一分钟，冷静一下。”这就是表达愤怒的健康方式。最后，你还要思考，当儿子生气时，你害怕他的愤怒吗？如果是，那你为什么害怕？他的愤怒会让你想起什么人吗？如果你害怕他的愤怒，你必须努力解决这个问题。你的恐惧会干扰你的养育方式。

当然，练习健康的情绪表达也应该包含积极的情绪。我所在社区有一个很健康的家庭，家中有两个十几岁的儿子，父母很支持儿子的情绪（就像他们支持儿子的运动和学业技能一样），毫不意外地，这两个男孩很受大家欢迎，各方面表现都不错，并且非常友善。虽然这个家庭和其他所有家庭一样经历了各种起伏，但最让我印象深刻的是他们一起笑的样子。我经常看到爸爸和儿子们开玩笑，他们看起来都很开心。我与你分享这一观察，是想要强调，识别和表达自豪感、成就感、胜利感或单纯的快乐，与表达负面情绪同样重要。

男孩情绪的“必备”技能和体验

除了基础知识之外，男孩的情绪发展还需要额外的技能和经验。下面列出的技能和经验乍一看可能各不相关，但实际上它们像网络一样彼此连接，共同支持孩子的情绪发展。

融合技能

本书中反复讨论过的这项技能本质上是指将具有不

同效价（即积极和消极）的情绪结合起来，或者将思想与情绪结合起来。以下是具有不同效价的情绪示例。贾拉得虽然生妈妈的气（消极），但他仍然爱她（积极）；莱恩虽然对没有被选入高中篮球队感到失望（消极），但他对有更多空闲时间感到宽慰（积极）。融合的能力还可以让男孩在悲伤时感到安慰，或者在害怕时得到鼓励。我们的核心观点是，单独的一种情绪，尤其是消极情绪，不会占据男孩的全部注意力和所有精力。不过很遗憾，融合情绪并不是一种广为人知或被广泛教授的技能。

研究表明，情绪融合技能的初次显露是在10岁左右[1]，但我发现，在孩子更小的时候教给他们这项技能并不难，我成功地教导过4岁的男孩练习这项技能。将思想与感觉融合的例子大家可能更熟悉。6岁的凯尔不敢去操场，因为学校的小恶霸可能会欺负他，但随后，他想起爸爸跟他讲过如何获得安全的感受。他知道如果有人欺负他，可以找一个朋友一起玩或告诉老师。简而言之，凯尔可能仍然感到恐惧，但他也在思考如何获得安全的感受。

将思想与感受融合对处理愤怒尤其有用，我在第6章

1 Harter and Whitesell, 1989.

已经讨论过这个问题。一个人越能够重新评估（或有意识地思考）自己最初的反应，就越容易自控。愤怒一旦失控，即使最善良的人也会被误导。与愤怒相关的情绪（例如嫉妒、沮丧和恐惧）也一样。

如果融合能力出现问题

青少年的偏执是思想和感受融合出问题的一个例子。提出这一点很重要，是因为在青少年“对想法本身进行思考”的能力发展过程中，他们有时会得出不准确的结论。例如，你可能常常听到一个青少年指责某人批评他或在背后议论他，但实际上根本没有这种事。这可能因为青少年的恐惧与不正确的想法混在了一起。很多父母都知道，与青少年理论往往是非常困难的，问题可能就源自这种不正确的融合。在这种情况下，最好的方法是首先认可青少年的情绪，稍后再指出他们错误的想法或结论。

思想与感受融合可能出错的另一个例子是幼儿对黑暗、虫子、狗、雷电、噪声、医生等的恐惧，这些恐惧都来自同一种错误的融合：一个不准确的想法（例如，所有的虫子都是危险的）融合了恐惧的情绪。甚至有人认为，某些恐惧症（令人动弹不得的极度恐惧）也来源于这种融合。

幼儿的直觉性思考（即我看到的、我感受到的就是真的）妨碍了准确的融合。如果3岁的约瑟夫被一只狗吓到了，那么对他来说所有的狗都很吓人，或者如果一场雷暴吓到了4岁的瑞恩，那么现在所有的暴风雨都会让他害怕。

▶如何教授融合技能

掌握融合技能的关键是成年人尽早并持续地为之提供相关的教育。无论是青少年还是更年幼的孩子，随着自然发展的轨迹，他们最终会成功地将准确的想法与情绪融合在一起（所以，时间是站在你这边的）。教授融合技能最简单且最有效的方法是尽早开始，并一直持续到青春期。从学步儿童到青少年，父母都可以与他们讨论各种感受。询问孩子对某事的感受，然后问他对自己的感受有何看法。具体建议如下。

◉ 当一个小男孩对某人生气时，提醒他：他仍然爱着或关心那个人（不要问他，而是直接告诉他，这样才能教会他融合）。当一个十几岁的男孩生气时，问他是否仍然对自己生气的对象有积极的感觉。如果他说不，那就提醒他，那些感觉仍然在他心中。

◉ 当一个小男孩害怕时，教他如何创造安全的感受。父母在睡前用“怪物喷雾”赶走噩梦，这种方法之所以有用，是因为孩子相信它会起作用，然后他会感到安全（思想与感受融合）。尽管大孩子可能不再相信怪物喷雾，但他们拥有更高级的认知技能，可以教他们进行理性思考，以消解恐惧。

◉ 无论男孩多大，如果他只谈想法，那么可以问问他对那个人或事件的感受。请记住，思想和情绪是相互交织的，就像绳子上的线。

融合不同情绪以及将思想与感受融合的能力，是调节情绪和维持心理健康的必要工具，许多主流的心理治疗方法都源于此。如果你教会儿子这些技能，就有助于预防一些问题，至少可以帮助他以健康的方式应对问题。

对媒体/娱乐圈信息的文化解构（10岁以上）

前面提到过，媒体解构是指挑战流行文化（电影、电视节目、MTV）中呈现的男孩形象或男子气概，这种技能在男孩发展抽象推理能力（大约11岁）时比较容易教，有些男孩可能更早就能学会。解构的理念借鉴了吉尔本恩（Kilbourne）和派弗（Pipher）的观点，他们建议女孩必须解构的理念关于女孩身体形象的文化信息。

男孩需要解构的原因虽不相同，但目的是一样的，即要了解真正的现实来自他们的亲身经历，而不是媒体和娱乐圈在屏幕上无休止地散布的东西。解构媒体信息对于男孩的情绪发展尤为重要，因为如果男孩不断地被告知他们的情绪并不重要，“真正的”男人不谈论情绪并且“无所畏惧”，那么男孩会认为他们看到的就是现实。简而言之，如果你不帮助孩子解构表象，发现那些人为创造的信息背后的真实情况，那么他们将一直被大众媒体蒙蔽和误导。

解构媒体信息的一种方法是，你在和孩子一起看电视情景喜剧、广告、音乐视频、电影或体育比赛时，面对那些强调男子气概和“男人就像机器”的画面时，大声说出你的感想。这需要你多花时间陪孩子，了解他所处的大众媒体环境。另一种方法是给孩子上一堂小课，向他讲解娱乐节目背后的真实目的，让他明白，这些画面中的概念其实都是为了营销而虚构的。

▶几秒的解构

只需几秒的解构也非常有效，特别是当你的儿子不喜欢听你“讲课”时。你可以简单地说：“哦，真不敢相信他们让那个男人表现得那么暴力，真正的男人不会那样做！”或者“我讨厌这些音乐MV把女性塑造为性玩物，女性才不只是为了性而存在！”（说这些话的时候，一定要不时地与儿子进行眼神交流，让儿子重视你的评价。比如可以说：“你明白了吗，儿子？”）

看电视和电影时也可以有几秒钟的解构：“你看那个男孩，他怎么可以那么冷静，任何正常人都会被吓跑！”之后，你的解构还可以简化为难以置信的大笑，不以为然的哼哼，以及简单一句：“你能相信吗？”你儿子会明白的。

最后一个建议是，强化媒体中关于男孩和男人情绪的任何真实或健康的信息。诚然，挑战“兄弟规则”中那些狭隘、不健康的男性刻板印象的信息非常罕见，但它们确实存在。这种“积极解构”可以通过同样的媒体（电视情景喜剧、广告、音乐视频、电影、体育、杂志等）完成。你会发现一些正确的例子，虽然它们远少于那些“理想化”的阳刚之气的信息，但不要让你的儿子错过它们。

总体来说，解构技巧就是要找出那些掩盖男孩和男人真实感受的，充斥着暴力、权力和控制欲的例子，质疑这些例子，让男孩弄清楚什么是真实的，什么是不真实的，什么是健康的，什么是不健康的。

鼓励儿子与较小的孩子相处

防止儿子情绪消失的一个好方法是让他与年幼的孩

子相处，比如弟弟妹妹、表弟表妹、朋友或者邻居的孩子。男孩可以和年幼的孩子一起玩耍，照看他们，喂他们吃东西，甚至给他们换尿布。和比自己小的孩子在一起可以让男孩学习照顾他人，练习同理心和基本的情感联结技能。与3岁的孩子沟通，可不是“兄弟规则”中那套“嗯嗯啊啊”的单调回应就能应付的。与年幼孩子相处的体验也可以让男孩感受到脆弱性（比如小小孩需要别人帮忙系鞋带或过马路）。太多男孩学会掩饰脆弱和自己的需求，不会借助周遭的支持来应对这些感受。小孩的脆弱性能提示男孩，这才是人类的真实状况，同时，这也是对“兄弟规则”的挑战。

制止儿子嘲笑比他弱小的孩子

当男孩间相互打打闹闹时，他们的父母往往不会太在意。年龄和身材相当的男孩之间这样做会很好玩，当然不必大惊小怪，但是年龄更大或身材更壮实的男孩取笑、欺凌，或以其他方式恐吓同龄人或兄弟姐妹，可就不是什么好玩的事了。如果父母不干预，就错失了帮助男孩学会理解他人感受的机会（“当你对弟弟这么说时，你觉得他是什么感觉？对。现在道歉！”），同时也错失了一个机会，让男孩们知道，在一起并不意味着一个人必须取得主控权。

让儿子照顾宠物

除了照顾年幼的孩子，男孩还可以通过照顾宠物学习和练习宝贵的情绪技能，包括同理心（在小猫饿的时候喂它，或者在小猫寂寞的时候陪它玩耍）、情绪认同（公开谈论对家中狗狗的关注和关心）和情绪表达（与家庭宠物间的爱）。养宠物通常也带来男孩的第一次悲伤体验，无论是金鱼、仓鼠，还是狗，宠物往往在男孩成年前就会衰老死去，或在事故中丧生。因此，照顾宠物也为男孩提供了体验悲伤并在悲伤时获得安慰的机会。

请学校的心理咨询顾问和老师关注男孩的情绪

▶小学

我认识一位很出色的心理咨询顾问，她给我讲过她的学校里一个心理状态调整得很好的男孩的故事，这个男孩叫亚历克斯。他的父亲告诉这位顾问，他希望亚历克斯加入学校组织的所有心理咨询小组。亚历克斯的母亲一年前去世，父亲知道亚历克斯需要得到尽可能多的情感支持。有一天，在一堂关于感情表达的课上，班上一个很安静的女孩说她的祖父在周末去世了。班里一片寂静，几秒后，教室后面的一个男孩举起手，嘴唇颤抖着说：“是吗？哦，我相信肯定没人知道我父亲去年去世了。”全班再度陷入沉默。那个男孩开始哭泣，无法自制。

这位睿智的顾问清楚地知道该如何帮助学生把握住这次体验，她看着亚历克斯，他已经进行过很多次表达感受的练习了。她向他点了点头，亚历克斯就知道该怎么做了。他走到哭泣的男孩身边，没有说话，轻轻地拍着他的背，递给他一些辅导员拿过来的纸巾。其他同学都安静地坐着，看着这两个男孩感受悲伤和痛苦，同时获得朋友的安慰。

心理咨询顾问告诉我，那天下课前，全班孩子一起讨论了悲伤和哭泣对每个人来说都是正常和健康的，男孩也不例外。我问顾问，这种经历会对这两个男孩有什么后续的影响（比如后来班里有没有因为他们的情绪表达而孤立他们）。她说，根据她的观察和班里老师的报告，在那次事件之后，全班孩子的关系似乎更紧密了。今天我们只能想象，这些男孩会受到怎样的长期影响。表达悲伤、在学校哭泣、获得安慰，所有这一切都被允许，每个男孩都应该有如此幸运的体验。

▶初中和高中

通常，年幼的男孩并不认为学校咨询是“娘娘腔的东西”，但是到了中学阶段，当性别刻板印象已经变得僵化时，心理咨询可能会与“兄弟规则”相悖。然而，虽然男孩长大了，但他们的情绪表达需求并没有改变。写这本书时，我想起了自己在一所高中参与主持的一个心理咨询小组，该小组的目的是为“高危”学生提供干预，他们要么成绩不及格，要么有酗酒、吸毒的行为，或者两者都有。这个小组有10名学生，都是男孩。在每周一次的小组会议上，男孩们进行了各种话题的讨论，从学习成绩、父母等，到他们的酗酒和吸毒问题。

最后一次讨论时，男孩们都表示他们喜欢这个小组（不仅是因为他们可以离开课堂）。当每个男孩大声说出他喜欢这个小组的原因时，大家似乎都有点惊讶。他们都说，即使没有吸毒或酗酒的问题，自己实际上也很喜欢这样坐下来，与大家一起谈论重要的话题。一个叫布巴的男孩，留着一头齐肩的长发，有文身，平常很少说话。这时他开口了：“一开始我真的很生气，因为我必须参与这些‘很娘’的事。”他顿了顿，然后继续说，“但是，违反校规成了我做过的最好的事，因为它让我有机会加入这个小组。”看来，即使是粗鲁的高中生，他们不仅需要，而且还喜欢这种“很娘”的心理咨询。我还曾为初中男生组织了一个悲伤小组，结果也差不多。他们都喜欢这种能够与其他男孩和成年人交谈的体验。

身体和心理界限的重要性

心理界限与你的想法和感受有关，它们植根于情感需求。心理界限用肉眼是看不见的，因此它可能比身体界限更难理解，但是当有人越过心理界限时你是有感觉的：这个人跟你说什么，或者要求你做什么，你就是感觉哪里不对。身体界限也是，本质上这就是你的个人空间，如果有人越过身体界限时，你会感觉不舒服。比如，当你不想被触摸时却有人触摸你（无论是否涉及性），或者当有人与你交谈时站得太近，你也会感到不舒服。

婴儿和幼儿没有什么界限，他们的自我仍然与父母绑在一起，但随着他们逐渐长大，通过创造和维持心理与身体界限，他们成为独特的自我。心理界限能够定义孩子的独特性，在某种程度上帮助他们成为自己。

身体和心理界限也有助于保护孩子免受伤害。随着年龄的增长，孩子们可以说："我不想再拥抱或亲吻茉莉阿姨了。"事实上，社会习俗对儿童和成人的身体和心理界限也有影响，包括交谈时彼此的距离，或者父母是否能决定孩子未来的职业或伴侣。这些界限因文化而异，比如在印度，人们在街上互相打招呼时，脸会靠得很近，都快贴上了。在今天的越南，孩子仍然是父母的社会（经济）保障。简而言之，文化可能会为我们定义界限并建立群体规范，但我们仍然可以自行决定这些规范最终对我们有利还是有害。

男孩会对身体界限做出妥协，比如在参与有激烈肢体攻击的运动，或其他忽视身体疼痛和危险的仪式时。军事训练（例如新兵训练营）也提供了一个身体界限被改变的例子，尽管已经得到当事人的同意。但在男孩的日常生活中，有些对他们身体边界的侵犯，并没有得到他们的同意。他们只是吸收了充斥在文化中的指令：男孩必须经得起伤害，不能排斥伤害，当然也不应该感到受伤。这些信息可能源于“成为战士的男人”或“保卫国家的人”的角色责任，但是在不需要靠身体优势来生存时，我们却仍然要求男孩承担无视身体痛苦的坚忍角色，这似乎是不公平的。如果能改变这种文化规范，尊重男孩的身体界限，男孩将更有可能尊重他人的身体界限。

教导男孩认识身体界限

对男孩的行为做出反馈，这样可以帮助他们了解自己和他人的界限。例如，埃里克可能不明白打人是不对的，他觉得很生气，所以揍了弟弟，这有什么不对？如果放任不管，埃里克就不知道他的行为越界了，因为他的弟弟有免受身体伤害的权利。

随着年龄的增长，男孩会发展同理心并学习社会规则。他们的行为更倾向于自然地反映自己与他人之间的身体界限（当然，除非他们被教导了一套不同的规则，无视这些边界）。因此，就像许多技能一样，了解身体界限始于了解自己的边界，这些技能都植根于一个基本理念：尊重人的身体。

父母从男孩蹒跚学步时开始就可以教他们关于身体界限的知识，并在整个童年时期继续强化他们对界限的概念。当男孩内化这些界限时，他们不仅会以更安全的行为方式对待自己，而且会尊重他人。以下是一些关于教导男孩认识身体界限的建议。

◉ 教导婴幼儿，让他们了解别人为什么不应该打他们或伤害他们。

◉ 让大一点的男孩知道他们不必为了显得“强硬”而任人殴打，让他们知道，关注疼痛并避免疼痛是人天生的需求。

◉ 教男孩认识性的界限。尽管与女孩相比，他们受到性侵害的可能性较小，但男孩也是性虐待的受害者。帮助男孩了解他们身体的私密部位以及“好的接触”和“不好的接触”，教导他们不要保守“秘密”。

◉ 教导男孩了解他们的体力和局限。有些男孩会比其他男孩更强壮，大多数男孩会比大多数女孩更强壮（在青春期发育完成后）。向男孩展示如何用好他们的力量，而不是用它支配或伤害他人。

◉ 大多数男孩缺乏轻柔触摸的经验和技巧。小婴儿时期，他们会被爱抚和拥抱，但在童年后期的某个时候，男孩的身体“感情配额”大幅下降（主要是由于父母害怕儿子变得“女性化”）。如果你想让儿子表达爱意，就需要不断地对他表达爱意！

教导男孩认识心理界限

心理界限是一种感觉，它可以帮助你了解自己及他人的想法和感受如何开始，如何结束。例如，8岁丹尼的父亲有一天下班回家时气冲冲的，丹尼显然不需要为父亲的感受负责（但丹尼可能不知道这一点，他可能会觉得自己做了什么事惹爸爸生气了）。再如，如果丹尼的父亲说：“丹尼，你长大后应该成为一名股票经纪人。”很明显丹尼自己的想法被忽视了。尽管这些例子看起来无足轻重，但关键是年幼的孩子更容易吸收他人的思想和感受，因为他们的界限更容易被渗透。当一个孩子被告知他要对另一个人的感受负责，或被告知该/不该如何思考和感受时，这个孩子的心理界限就被侵犯了。

当男孩被告知不要以某种方式思考或感受时，他们的体验和看法可能会被扭曲。正如第5章所讨论的，当心理界限被侵犯时，男孩的同理心能力就会受到影响，导致同理心过度或不足。尽管男孩和男人一直享有表达公共意见的特权（制定宪法、记录历史、进行科学研究等），但他们却很少被允许表达自己的私密想法和感受。我认为这不仅导致男孩情绪表达受限，还会导致界限混乱。男孩学会了将心理界限不断向内收缩，甚至遮蔽了自己的想法和感受。

下列“要”或“不要”是帮助男孩理解什么是健康的心理界限的基本准则，适用于任何年龄。

◉ 要询问男孩的感受和想法，不要告诉他们（应该）如何感受或思考。

◉ 要倾听男孩，不要将自己的想法和感受强加于他们。

◉ 要确认男孩的想法和感受，永远不要羞辱他们。

◉ 要帮助男孩认识到，他们的想法和感受可以与你的不同。

◉ 要教男孩学会同理他人，但不要把他人的自我和困境当成自己的。男孩必须学会安慰他人的痛苦，但不要觉得自己有责任解决问题（除非问题是他们造成的）。鼓励男孩庆贺别人的好运，而不是事事都要争输赢。

总结

本章为父母们提供了具体的工具，以促进孩子情绪的健康发展。这些工具包括确认男孩的情绪、教男孩融合技能、鼓励他们与年幼的孩子共度时光，以及照顾宠物。本章还讨论了解构关于男子气概的媒体信息的重要性，以及心理和身体界限在情绪发展中的相关性。作为家长，你也有责任敦促学校关注男孩情绪的健康发展。因为“兄弟规则”和关于男孩情绪的沉默法则始终影响着他们，所以父母的角色非常重要，要在家庭中教导男孩如何识别和处理他们的情绪。如果男孩不在家中学习这些健康的情绪技能，他们还能在哪里学习呢？

第八章

写给男孩生命中其他成年人：支持男孩情绪发展的实用建议

一小群深思熟虑、
内心坚定的人也能改变世界，
永远不要怀疑这一点。
事实上，这是改变世界的唯一途径。

——玛格丽特·米德（Margaret Mead[1]）

1 美国人类学家。——译者注

不管你在男孩生命中扮演什么角色，你都可以提供帮助，促进男孩的情绪发展。

这种帮助可以是迂回的，比如巧妙地询问男孩对某事的感觉；也可以是直接的，比如告诉他们可以有情绪。还可以提升家长的认知，提醒父母注意男孩的情绪发展。教师在家长会上描述一个男孩有“聪明的头脑和温柔的心”，教练将他的男孩团队描述为“有爱心和有竞争力”，都是微妙的方法。还有更直接的方法，比如祖父告诉忧虑的父亲：“你知道，儿子，我多希望你成长的过程中我能一直陪在你身边。

你的儿子需要你……你应该告诉他，你了解他现在的心情有多糟糕。”

作为心理治疗师和教授，我经常使用直接的方法。我会直截了当地说：“男孩的情绪很重要，而且成年人常常忽视这一点。”我还会很快补充说，“忽视情绪对男孩来说是不健康的，而每个人都有责任改变这种现状。”然后，我还会谈到“兄弟规则”——男孩们为了显得阳刚而经常遵循的那种狭隘且不健康的行为准则（有关“兄弟规则”，请参见第2章）。我之所以这么直接，是因为我认为了解这一切的人越多，我们为男孩改变现状的机会就越大。

需要举全村之力

虽然整本书都是为男孩的父母和其他关心男孩情绪发展的成年人撰写的，但本章却是专门针对男孩生活中其他成年人的。父母也能从本章受益，因为可以从中系统地了解这些成年人是谁，以及他们如何能为男孩的情绪发展做出贡献。本章包含实用指南和具体建议，但在进一步阅读之前，我必须先为男孩生活中的所有成年人厘清一个问题：如果你支持男孩的情绪表达，就会使他变成懦夫吗？

变成懦夫的因素

上述问题的答案是否定的，支持男孩的情绪表达不会将男孩变成懦夫、“娘娘腔”或“妈宝男”，遗憾的是，大多数人却不相信这一点。这种恐惧助长了我们的文化对男孩表达情绪的抵制，简单说就是，感受到并表达出自己情绪的男孩会“缺乏”男子气概，他会因为不遵守“兄弟规则”而被孤立（如第2章中描述的）。但事实是，重视男孩的情绪表达不会制造懦夫，而是成就了一个真正的人。

正如前一章中我向父母们解释的，在我们的文化中，尽管女孩比男孩在情绪方面得到了更多的支持(尤其是脆弱的情绪),但男孩和女孩在公共场合的行为结果似乎是一致的。想想看,无论男孩还是女孩,你都很少看到他们会在公共场合哭泣。不仅是男孩,女孩也不想在学校或球场上表现她们的脆弱。成年人教导男孩不要谈论感受,试图以此防止男孩变得“娘娘腔”,但这种方式只会抑制男孩的情绪表达。“磨炼坚强意志”的方式可能对勇士有好处,但不利于男孩的情绪发展。

当然,会不会在公共场所掉眼泪不是真正的问题。问题在于,在面临挑战或冲突时,女孩比男孩拥有更丰富的情绪体验,这是不公平的。因此,男孩需要被教导如何感受和表达他们的情绪,同时确信他们仍然是“真正的”男孩。关键在于,成人不仅要接纳,而且要确认和培养男孩的情绪。最终的结果是,男孩能了解自己的感受,并且不会被社会抛弃。放弃根植于文化中的“懦夫恐惧”可能是许多成年人(当然还有男孩们)面临的最大挑战。

寄养家庭的父母

在帮助男孩发展健康的情绪表达能力方面,养父母所起的作用与亲生父母是相似的，但是养父母要面对的挑战是，他们没有足够的时间，与孩子的安全依恋关系也有欠缺。养父母还有一个额外的挑战，他们的养子曾经受到某种程度的情感伤害，比如被虐待、被忽视，或者与父母分离的悲伤和痛苦。

悲伤与压力没有年龄和性别的差异

无论两三岁还是青春期，“失去”造成的影响并没有什么不同。虽然小婴儿对失去父母不太可能保留有意识的言语记忆，但他们能意识到自己与他人的依恋关系遭到了破坏。有创伤疗愈专业技能的人对寄养儿童，尤其是那些能把自己的感受藏得很好的男孩助益颇多。如果这些男孩也经历过被虐待和被忽视（这是寄养儿童常有的遭遇），那么他们的悲伤可能会因创伤后应激障碍而变得复杂。

我强烈鼓励寄养父母阅读有关悲伤（如果需要，还包括PTSD）的书籍。专门针对寄养儿童和悲伤疗愈的书是最好的，但几乎所有关于儿童悲伤的书都是推荐的，比如詹姆斯·埃姆斯韦勒（James Emswiller）和玛丽·安·埃姆斯韦勒（Mary AnnEmswiller）的《引导你的孩子度过悲伤》（*Guiding Your Child Through Grie*）和芒迪（Mundy）的《悲伤不是坏事：儿童应对悲伤指南》（*Sad*

Isn't Bad: A Good-Grief Guidebook for Kids Dealing with Loss）。阅读这些书籍时，你会注意到它们的主要关注点都与情绪有关。无论多大的孩子，帮助他们表达情绪是康复的一部分，尤其是对那些情绪可能被忽视的男孩，否则，他们的情绪可能会从侧面表达出来，伪装成身体方面的症状，或者变成内心空洞的渴望。攻击行为和临床诊断的抑郁症都是情绪侧面表达的方式。

我还建议养父母阅读第2章、第3章、第4章和第7章。这四章，为认识男孩的情绪以及如何处理情绪提供了坚实的基础。在阅读关于男孩情绪发展的章节（第3章）时，重要的是不要只关注养子当前的年龄，即使他只有10岁，也要阅读整章。这个章节提供的信息不仅包括孩子可能仍需要掌握的早期发展阶段的情绪技能，还包括他在未来数月和数年内需要掌握的情绪技能。

依恋关系如何影响情绪

依恋是寄养儿童情感发展的一个重要方面。依恋是指人与人之间的特殊联结或和谐关系，通常指亲子关系。从最纯粹的意义上说，依恋实际上与情感生存有关。对孩子来说，依恋的前提是有安全感、被理解和关心，同时也能够给予关心。依恋关系对寄养孩子和寄养父母来说是双向的，但有时也只有孩子或父母单方面产生这种感情。

我观察到，一个男孩依恋养父母而养父母并没有产生同样的情感时，男孩仍然在这种临时环境中发展出了健康的情绪技能。然而，永久寄养的家庭中不应该出现这种情况。永久寄养家庭中的依恋关系即使尚未形成，也应该是在发展过程当中。因此，建议养父母诚实地告诉养子他会和他们在一起多久。有些男孩尽管被告知他们只跟养父母生活很短的时间，但还是决定叫他们“妈妈”和“爸爸”，因为他需要依附于他人。

有时，养父母依恋养子，但养子却没有产生相应的情感。这可能是因为创伤后应激障碍、依恋障碍，或者因为他已经大了，能够意识到这是一种临时的关系，也可能因为他害怕再次遭受失去的痛苦，还有可能因为他仍然依附于另一个养育者或自己的亲生父母。不管是什么原因，我观察到，养父母可以“带动关系”。在这种单向依恋中，成年人比孩子承担更多的情感风险，投入更多分享和关怀，但很少能得到具体的回报（拥抱、亲吻、赞美和关怀）。即使这样，这种关系仍然可以“发挥作用”，并有助于男孩的情绪发展。

表达情绪能防止男孩的情绪“消失”

虽然依恋关系是健康情绪发展的一个复杂而重要的方面，但促进养子情绪发展最基本的方法仍然是帮助他识别和表达自己的情绪。这对疗愈悲伤、治疗创伤后应激障碍和普通的情绪发展都有帮助。男孩（其实包括所有人）的最终目标是能对信任的人表达自己的感受，因此这不仅是教男孩掌握一种情绪技能，也是让他们体验一种健康的人际关系、一种可以表达情绪的关系。

▶对养父说几句话

你和自己的养子是同性，因此你往往被当作性别榜样。所以你要记得，养子随时在看着你，从你身上寻找有关如何成为男人的线索（就像你看着自己的父亲或生活中的其他男性一样）。你是否表达自己的情绪，会被注意到；你对他的情绪有没有评价，也会被注意到。如果你同意这本书的主要观点（男孩的情绪很重要，表达这些情绪是每个男孩与生俱来的权利），那么，该如何回应他的情绪，又该如何回应自己的情绪呢？你就跟着自己的感觉走吧。

▶对养母说几句话

由于生理差异，你虽然不会被视为性别榜样，但你仍然是“如何为人”的一个非常重要的榜样。如果你认为养子的情绪很重要，认为感受和表达情绪很重要，那么请相信你对他（和自己的）情绪的回应方式对他有所帮助。尽管他会从男性中寻找“如何成为真正的男人”的线索，但他也在寻找有关如何保持健康以及如何与他人相处的线索。我记得一个14岁的寄养男孩说，他的养母是第一个告诉他“自己的感受很重要”的人，他形容她就像一盏灯，在黑暗的洞穴中闪耀。

祖父母

经历过为人父母的压力，当祖父母就成为一种格外美好的经历。我无数次听到男孩们谈论祖父母对他们有多重要，尤其是祖父。不仅是那些与祖父母住得很近的男孩有这种感受，距离似乎并不妨碍祖孙关系，这种非常特殊的关系可以超越距离和时间。

我为一个叫蒂姆的10岁男孩提供心理咨询，原因是他在学校有攻击行为。他从未见过自己的父亲，他的祖父住在距离自己家13个小时车程的地方。然而，在蒂姆生活中的每一天，祖父对他都很重要。为什么呢？似乎每当祖孙二人在一起的时候，他们都会共度一段“高质量时光”。

蒂姆感到祖父尊重他、理解他，也很爱他。他们在一起做什么并不重要，重要的是他们在一起的方式。当蒂姆想要表达祖父对他的意义时，他哭了。这种力量不仅来自祖父，祖母也可以成为无条件的爱的源泉，这种爱是灵药，能够舒缓任何自我怀疑。

祖父母可以做什么

祖父母不负责制订规则，而且他们不会像父母那样有难以言说的焦虑（我做得对吗？我怎样才能帮助儿子在学校做得更好？我怎样才能让他不犯同样的错误？如果我支持他的情绪，他会不会被认为是“娘娘腔”，会不会被孤立？）。因此，祖父母处在一个绝佳位置，可以帮助男孩发展表达情绪的能力。祖父母摆脱了做父母的焦虑，拥有“更广阔的视角”，他们知道什么是真实的，什么是可能的，什么重要，什么根本不重要。凭借多年的经验和年龄带来的智慧，他们可以深入本质，解决令人困惑的冲突。

▶史蒂文的祖父母

每当史蒂文和他的父母发生争执（关于用车、逛商场等问题）时，他通常会跑回自己的房间，锁上门，然后把音乐声开得很大，震耳欲聋。史蒂文在冷静下来之后，从来不去找爸爸妈妈解决问题。在史蒂文看来，他的父母就是成心要

"毁了他的生活"。当然，他父母的看法又不一样，他们觉得自己只不过是限制他逛商场的时间，不让他想开车就开车。就像我们经常看到的情况一样，父母和青少年陷入了一场权力之争。在这种情况下，通常需要客观的第三者帮忙解决问题。

这时，史蒂文的祖父母就可以提供帮助了。他们能够看到（并尊重）这场权力斗争的双方各自的情绪，包括史蒂文不了解的父母的情绪，和父母不了解的儿子的情绪。史蒂文一直努力成为社交场中受欢迎的人，同时他也在努力长大。他担心如果自己不去商场、不开车到处逛、不违反宵禁规定，就会失去朋友。他还要平衡兼职工作、完成学业和支付部分汽车保险的压力，这些都是成长中难免会遇到的问题。然而，史蒂文的父母担心的是，如果允许儿子想做什么就做什么，对他来说会是不健康和不安全的。

史蒂文的祖父母把这一切都看在眼里，因为他们就住在附近，只要史蒂文想，他就会去祖父母家。毫不奇怪，他一周会去好几次，说是为了"看看他们"。他们年纪大了，史蒂文开始为他们做一些家务，没有家务时（他们有时会故意制造一些家务活儿），大家就坐下来聊天。他们倾听史蒂文谈论他的挫败感和社交焦虑，然后说“我也这么觉得”，或者“你得比你的朋友早回家，这可真没面子”。

祖父母也小心翼翼地不越过史蒂文父母的界限，不抹杀他们的好意。事实上，他们为史蒂文提供了他最需要的看待问题的角度：“爸爸妈妈并不是要毁掉你的生活，虽然感觉上好像是这样。他们其实只是想保证你的安全和健康。”明确地听到这样的观点，有助于史蒂文修正一些不恰当的愤怒表达。

所以，在困难的青少年时期，祖父母可以成为冲突的缓冲带，同时也能确认男孩的情绪。不过祖父母的情感支持不必等到青春期，其实越早开始越好。从孩子会说话的那一刻开始，就帮助他表达自己的感受，这是为他的青春期所做的绝佳准备。可以推测，如果史蒂文在小时候有更多的情绪表达练习，他也许能够更好地用语言，而不是行为，告诉父母自己的恐惧或愤怒。

所以，如果你的孙辈遵照“兄弟规则”行事，请向他们解释，从长远来看，“兄弟规则”最终可能会伤害他们而不是帮助他们（祖父们可以用亲身经历证明这一点）。

▶祖父母承担父母的责任

如果你（或者你认识的人）因为某种原因要承担抚养孙子的

责任，那么阅读整本书应该会很有帮助。

教师

每当我与教师交谈时，我都特别地告诉他们，在学生眼中，他们的重要性仅次于父母。有些教师会意地点点头，有的虽然显得很惊讶，但也很开心。在家庭之外，教师是与男孩们互动最多的成年人，这很重要。尽管每个教师有不同的个性、不同的专业和不同的与学生互动的方式，但他们都可以在课堂上对男孩的情绪表现出同等的尊重。这种尊重是非常必要的。

教室里的“兄弟规则”与男孩的情绪

挑战“兄弟规则”（见第2章）的一种方法，是鼓励男孩识别和表达他们的情绪。如果你本身不喜欢谈论情绪，这就有点困难了。但是教师对情绪与学习的关系，应该再清楚不过了，情绪对学习的影响不是让学生在课堂上表现得“多愁善感”，而是将情绪因素纳入课业学习中。

以下课堂清单，旨在帮助教师让课堂成为男孩可以流露情绪的地方。这些建议是对“兄弟规则”的直接挑战。

▶给小学和初中教师

◉在与男孩谈论学习，或在操场上聊起他们的社交经历时，多使用表达情绪的词语，“你看起来很开心、悲伤、骄傲、好奇、生气、沮丧、兴奋……”男孩必须能够像使用认知技能一样，经常使用他们的情绪技能。

◉对任何取笑男孩表达情绪的男生和女生都要采取零容忍态度。例如，当孩子因为表现出温柔的感情而被叫作“爱哭鬼”或“娘娘腔”时，要当场让所有人知道，所有的情绪都是正常和健康的。让大家知道，在你的课堂上绝不允许有欺凌行为！

▶给高中教师

◉可以在高中阶段纠正男孩在初中时学到的刻板的性别印象。你在课堂上的言行可以强化、挑战或切实改变男孩的这些认知。

◉没有任何理由容忍高中男生的欺凌或戏弄行为，让你的教室成为对攻击行为（包括讽刺等言语攻击）零容忍的地方。以身作则，让大家看到不能通过攻击来建立权威，这将促使男孩通过坚定的方式来捍卫自我、表达愤怒。只要你在课堂上不使用嘲讽、贬损或身体恐吓这些手段（有时教师会在无意中这样做），就是给学生很好的示范。若当权者能尊重弱势的人，支配和从属的问题就不那么突出了。

◉ 尽可能多地使用表达情绪和感受的词语，像前面描述的那样镜映男孩的情绪，“你看起来很生气、骄傲、好奇、高兴、沮丧……”即使你教的是数学或物理等看似与情绪无关的课程，也要这样说。学生是人，男孩也是，解开一道复杂的代数方程肯定会让人很开心，谈谈这些感受。

上述建议适用于所有学生，无论贫富，不分城市和农村，也无关宗教信仰和肤色。情绪本身不带有偏见，情绪是人的共性。

教师也可以通过与学生家长讨论男孩的情绪，间接为男孩提供支持。家长可能就是通过教师的介绍，才知道男孩的情绪很重要（或向他们介绍这本书）。教师不仅是非常重要的情绪榜样，也在教室里为学生创造了情绪体验。这些经历可以帮助男孩成为完全的人，而不是坚忍的机器，这就是教师教授的宝贵一课。

校长

校长与学生的接触有限，一般只在处理纪律问题或者授予荣誉时发生联系。因此，校长对学生的大部分影响是间接的，是通过教师传递的。在这里，我想讨论两点：第一，校长与学生的接触，因为这会影响中小学男孩的情绪发展；第二，校长对学校氛围的影响，让教师在努力帮助男孩发展他们的情绪天性的过程中，能感受到支持。

校长与男孩的接触

学生会记得校长对他说的话，部分原因是校长代表着权力。此外，男性校长不仅是管理者，还兼有男性榜样的作用。因此，当校长打破“兄弟规则”时，男孩们会注意到这一点。

假设一个男生因打架被送到校长那里，校长说：“如果那个孩子对我这么说，我也会害怕和生气……但这不是失控和打人的借口。我们不接受暴力。”说这样的一席话达到了两个目的——确认了男孩的感受，同时挑战了“兄弟规则”。男孩需要从权威者口中听到这样的信息。

女校长也可以而且应该向男孩传递同样的信息，尽管男孩们不会把女校长视为生物学上的“阳刚”榜样，但他们会认同她是代表权力的“男性”角色。

校长与学生的第二种接触同样影响深远，就是在公众活动中颁发学术或体育奖项，这会激发学生的积极情绪。这些活动可以强化学生获得荣誉时产生的积极感受，为支持男孩的情绪发展提供机会。关于自豪感和幸福感的评论不仅是一种自然的表达，而且对男孩和他们的父母很有意义（褒扬积极经历不仅是女孩的特权）。

校长最大的影响

校长为教职员工创造的氛围（环境）非常重要，这种氛围显然也会影响学生。虽然校长不能强迫教师以某种方式行事或说话，但他们可以在教职员工中营造一种尊重男孩情绪的氛围。这种尊重不仅体现在学校政策上，还体现在学生与教师的互动中。如果校长公开或隐蔽地遵从“兄弟规则”，那么这些规则将渗透到学校的所有活动中。如果校长能挑战和打破“兄弟规则”，那么男孩的人性和情绪发展就更有可能得到支持。

在我的职业生涯早期，有个朋友工作的学校里，男教员会给女教员的身材“打分”，校长也参与了这种性别歧视的游戏，你可以想象那所学校的气氛是什么样的。尽管我的朋友在其他许多方面都欣赏和尊重这位校长，但很明显，他已经成功地被“兄弟规则”社会化了。在这个例子中，校长最后因遵守“兄弟规则”在职业发展中尝到恶果——其中一名女教师提出性骚扰投诉，校长受到了惩戒。

校长的领导能（或不能）为学校里的每个人创造一种专业且相互尊重的氛围。就前面的例子而言，在校长被惩戒前，如果那个学校的一个8年级女生对一个8年级的男生提出了性骚扰指控，恐怕大家都不会认真对待。

打破“兄弟规则”并促进男孩健康的情绪发展，并不意味着将学校变成一个“暖融融、甜蜜蜜”的地方。这样做的核心在于创造一种尊重教师和学生的环境，而这通常需要挑战“兄弟规则”。如果校长在男教师中发挥了他的领导作用，带头挑战“兄弟规则”而不是盲目顺从，产生的影响将是非常深远的（通常，当“兄弟规则”受到挑战时，男人往往会有两种反应，要么感到松了一口气，要么变得戒备）。

在校园中改变“兄弟规则”

一所不遵守“兄弟规则”的学校是什么样的？校长可以让大家知道，男孩不必遵守“兄弟规则”，做到这一点的最佳方式是为男孩提供其他可替代的规则。向教职员工和学生明确表示，可以认为“男孩要像男孩样”，但男孩不能有讲黄色笑话、性骚扰这类性亢奋的行为；男孩可以生气，不能用暴力表达愤怒；男孩可以表现出害怕或脆弱，不能因此羞辱他们；男孩可以努力成为一个好运动员，但不必总要赢；男孩可以就做一个普通人，不必样样全能。最后，绝不能欺负其他男孩或女孩。欺凌不仅贬低对方，也贬低自己。

如果一所学校真正做到“自上而下”地相互尊重，那么男孩的情绪将与女孩的一样蓬勃发展。在任何一所学校，校长的领导（无论是男性还是女性）都决定了这所学校是该遵守“兄弟规则”，还是遵循人性。

教练

教练扮演的角色各不相同，这在一定程度上取决于男孩的情况：是会参加社区比赛的玩票性质的运动员，还是参加校队比赛的认真投入的运动员，或是以参加职业比赛为目标的精英运动员。教练的角色可能是欢乐时光的协调者，可能是技术顾问，也可能像一位父亲或导师。男孩对自己参与的运动越认真对待，就越有可能重视教练提供的技术知识、动力和运动纪律。

不过，对于所有男孩来说，无论以什么方式投入运动，教练与运动员的关系中都有一些共同点，其中之一是教练的素质。我对“好”教练的定义是这样的：一个好的教练应该完全掌握这项运动的技术知识，同时以尊重而不是羞辱的方式激励团队中的运动员。在指导男孩时，如果要改变“兄弟规则”，最重要的是给予他们尊重而不是羞辱。

运动与“兄弟规则”

坚持“兄弟规则”对教练们很有吸引力，因为“不惜一切代价取胜”的态度似乎可以带来更多的胜利。“兄弟规则”也让身体攻击变得合理，这是足球、曲棍球、拳击和篮球等运动的核心。反过来，体育和运动似乎也影响了“兄弟规则”(没有痛苦，就没有收获)。教练自身越多地遵从“兄弟规则”，他们就越有可能强化某些运动的攻击性。

“兄弟规则”与男孩和教练关系的另一个共同点密切相关。运动是通向男子气概的道路，因此教练与男孩的沟通方式传递了他们对男子气概的认识。当男孩违反“兄弟规则”时，他们会遭到一些直接或微妙的羞辱。微妙的方式就是沉默不语，忽略男孩的情绪和需求，漠视他们的体验。直接的方式是口头羞辱男孩，说他是个“娘娘腔”或

"打球时像个女生一样"。无论哪种方式，当教练告诉男孩，他们的情绪和基本需求并不重要时，他就强化了"男孩应该更像机器而不是拥有人性"的想法。

在体育运动的情境中，教练要不惜一切代价赢得比赛，从这个角度来看，这种"强硬"的理念是有意义的，但对一个男孩来说，"强硬"的态度可能会变成一种麻木、游离，或者将情绪从经历中剥离的体验。如果没有人告诉男孩——强硬的态度只适合出现在比赛中，不要将其带入现实生活；比赛只是比赛，输了并不意味着天塌下来了，那么这种强硬的态度可能会对男孩造成伤害。

给教练的话：身为男孩榜样……

男教练的另一个明显影响是性别榜样。男孩们会仔细观察，如果你骂人，他们会认为可以骂人；如果你发脾气并变得咄咄逼人，他们会认为这样做没关系；如果你取笑女孩或仅以色情的眼光看待女孩，他们会认为可以这样做；如果你告诉他们要不惜一切代价取胜，他们的眼中就只有输赢。所有这些都是"兄弟规则"的变体。

▶考虑其他选项

你可以教男孩一些不同于"兄弟规则"的东西，一些更健康的东西。你可以谈论男孩的情绪，并用感受来激励男孩。或者你尊重比赛，不会把对手看作要歼灭的敌人（而且你的团队仍然可以获胜）。顶尖学校的精英教练知道如何利用运动员的情绪提升他们的表现，这与“兄弟规则”截然不同，后者忽略情绪，尤其是恐惧。人们完全可以通过一种尊重男孩情绪——包括恐惧、竞争意识和求胜心——的方式参与运动。这样不会让男孩变成感觉不到疼痛或丧失知觉（如口渴）的机器人，专注与麻木是完全不同的感觉。所有教练都应该考虑关注男孩的情绪，并以建设性的方式发挥情绪的作用。

医生

正如大多数人所知，在过去的几十年里，医生的角色在美国发生了巨大变化（我记得在20世纪60年代，我们的家庭医生仍然会登门看诊）。今天，人们与医生的接触通常不那么密切了，医生很少会登门看诊，门诊时间也很短，医疗保健的这种变化改变了医患关系。但无论如何，当医生遇到一个男孩时，都会受到男孩的密切关注。和男孩生活中的其他成年人（祖父母、教师、教练）类似，如果你是男性，就自然会成为男子汉的榜样。这些因素结合在一起，使医生对男孩的生活产生了持续的影响（这种影响有助于放松“兄弟规则”对男孩的控制），尤其是在情感发展方面。

医生对男孩的情绪发展很重要

家庭医生或儿科医生可能是唯一会仔细察看男孩健康状况的专业人士（除了正畸医生和/或皮肤科医生），部分原因是在美国许多地方（尤其是男孩和男人）仍然把看心理医生视作一件羞耻的事。因此，医生可能是唯一能够进行“心理健康”检查的人。第7章的“情绪阿普加评分”可以作为评估男孩整体情绪健康水平的参考，情绪和身体健康之间有着重要的联系。事实上，行为医学和儿童心理学从业者在评估和治疗患者时都会仔细考虑这些联系。

如果一个来看病的男孩说他不舒服——胃痛或头痛，有睡眠或饮食问题，以及/或者有类似注意力缺乏和多动问题的症状，一定要问他是否对某事感到担心、害怕、悲伤或生气。我无法细数有多少小男孩和青少年把他们真正伟大的感情藏在内心深处。这些被压抑的感觉通常会导致身体方面的症状，一旦他们表达这些情绪的能力增加，症状就会缓解。对于父母离婚或再婚的男孩，以及父母正在考虑离婚或再婚的男孩来说，这是一种相当普遍的模式。

简而言之，无论什么年龄的男孩去看医生，无论他们是身体不适还是进行定期体检，我都建议医生应该考虑进行“情绪检查”。如果发现男孩的情绪有“消失”的危险或已经完全“消失”，就鼓励他和你谈谈感受，然后鼓励他的父母/监护人在家里多与他谈论自己的感受，还可以推荐这本书、学校心理辅导员或私人心理咨询师。如果医生向男孩询问他们的感受，那么这些感受就得以确认，不会被忽视。所以，也许医生的文化影响力并没有减弱？

心理治疗师和心理咨询顾问

我经常向孩子们介绍自己是“情绪医生”，这不是一个新颖的想法，其他心理治疗师也这样做。但对我来说，这也不仅仅是一种可爱的自我介绍的方式，我是真的这样认为的。我作为心理治疗师的主要工作之一是确认人们的感受。这种确认以多种方式进行，接下来我会详细介绍。总体而言，在整个心理治疗过程中，我始终专注于儿童的情绪和家庭成员的情绪。

确认男孩的情绪

因为男孩的情绪在我们的文化中经常被否定，基于前面讨论的所有原因，所以在心理治疗环境中确认他们的情绪尤其重要。确认情绪涉及的步骤包括，首先帮助男孩识别和/或命名自己的情绪，然后帮助他向我和他信任的其他人（父母、朋友、教师等）表达这些情绪。这是心理治疗的常见目标。

确认情绪的另一层次包括帮助男孩了解，在大环境中文化通常如何忽略他们的感受，以及男孩通常如何因表达感受被惩罚或嘲笑。这在本质上是对“兄弟规则”的讨论。然后，我与男孩讨论如何应对所有这些“不要感受”——尤其是“不要表达自己的感受”——的压力，如何不强作坚忍或放弃自己的真实情绪。

▶评估与治疗

治疗师在为男孩进行评估和治疗时，一种很有用的方法是成为“情绪侦探”。任何年龄段的男孩，如果表现出攻击性，我就会寻找恐惧、愤怒、悲伤和伤痛等主要情绪。如果有抑郁症状，我也会寻找同样的情绪。当年龄较大的（青少年）男孩出现争夺掌控权的问题时，我仍然会寻找这些情绪。即使是更复杂的病症，例如创伤后应激障碍或强迫症，我也会寻找这些潜在的基本情绪，寻找那些没有被充分表达或关注，但从侧面表达出来的情绪。

我有另一种探索或者说只是谈论男孩感受的方式，即使用“大”和“强大”这样的形容词来描述和确认男孩的感受，尤其是痛苦的感受，我甚至会将这些词用于成年男性。像“大”这样一个看起来很幼稚的词，能够打开男孩小时候可能被封印的情绪，而“强大”这个词可以帮助男孩相信，他们能够处理自己的情绪。

我开发了一种临床处理男孩情绪的综合方法，称为“认知—情绪—行为疗法”（CEB-T）。顾名思义，这种治疗方法要在三个层面进行评估和干预——思考、感觉和行为。从哪个层面开始都可以，但三个层面都要关注到。

一般来说，我的CEB-T疗法会从男孩最强的层面（他最了解的层面）开始，然后逐渐探索其他层面。我经常发现这个过程是循环的，而不是线性的。例如，一个13岁的男孩可能意识到自己有欺凌行为，但对为什么总是找妹妹麻烦（认知层面）或是什么感受触发了他的这种行为（情绪过程），他却一无所知。对于这样的男孩，我会从更多地了解他的行为开始，然后帮助他了解自己的欺凌行为，以及情绪需求和思维模式之间的心理联系。如果第一次没有识别出这些联系，我们就会一次又一次地尝试（循环过程），直到识别出来为止。然后我们制订计划，改变问题行为，同时也处理认知和情绪层面的问题。

如果无法通过直接对话找到解决方案，我会使用其他方法，例如游戏疗法（对幼儿），让男孩在两次治疗之间记日记，以及让家庭成员参与治疗。如前所述，你可能会发现自己一直在CEB-T的过程中循环，但这种循环是件好事，因为这样你就能够返回并与过往的心理咨询及早前得到的信息建立联系。我希望心理治疗师和心理咨询师能考虑使用这种从多层次入手的方法，而不是只关注一个层面，即只关注思想、行为或情绪。将认知和行为与男孩的情绪联系起来，在心理治疗中会非常有价值，因为男孩可能无法在其他地方获得这种体验。

▶家人的情绪

正如本书反复强调的，男孩的父母和周围的文化对男孩表达情绪的能力有巨大影响，所以为孩子提供心理咨询，其实也是在为他的家人提供心理咨询。因此，心理治疗师和心理咨询师需要评估情绪在家庭中是如何表达（或不表达）的。如你所知，父母往往会完全忽视男孩的感受，生怕把他变成“娘娘腔”，或者他们可能会锻炼他，“让他变得坚强”，以便他能够应对“现实世界”。千万别忘了，许多父母和兄弟姐妹在家庭环境中也不会直接表达他们的情绪。因此，在尝试支持男孩的情绪表达时，促进整个家庭的情绪表达非常重要。

父母可以帮助孩子表达情绪。我们要向父母解释这个概念，但说得越简单越好，心理治疗师也许会觉得第7章（关于父母养育的章节）中提供的一些详细方法会有所帮助。但是，一般来说，作为心理治疗师要确保父母至少了解三个方面的关键技能。

1. 父母必须明白男孩的情绪是真实且重要的（有关概述，请参见第1章）。

2. 男孩要保持健康，必须能够识别并向父母表达自己的情绪。在这方面，父母可以做的事包括镜映男孩的情绪；表达自己的情绪，为男孩树立榜样；直接询问男孩的感受。

3. 父母必须以健康的方式回应男孩的情绪，而不是受“兄弟规则”影响，让男孩因此感到羞耻。“我能理解”或“我懂你的感受”是回应男孩情绪的两种有效的方式。

我与父母沟通时，他们听到第一点和第二点时，会热情地点头，然后对第三点表现得犹豫不决，勇敢的父母会问我该如何回应男孩的情绪。我记得有一位父亲急切地想帮助他10岁的患抑郁症的儿子。我知道父母常常不知道该对儿子说什么，所以我通常会教给他们上面那两句话（“我能理解”或“我懂你的感受”）。回答越简单、越熟练，父母就越容易做到。

▶预防与干预

苏珊·吉尔伯特（Susan Gilbert）在《男孩女孩指南》（*A Field Guide to Boys and Girls*）一书中，为父母总结了部分性与性别研究的结果，她改变了以前的认识（和研究），即女孩比男孩更容易抑郁。事实证明，男孩也常常会沮丧，只不过他们擅长隐藏而已。约翰·林奇和克里斯·基尔马丁（Chris Kilmartin）的书《面具背后的痛苦：克服阳刚抑郁症》就描述了存在于成年男性中的这种现象。我们应该为男孩写一本类似的书。

男孩往往不会直接表达患抑郁症之前的情绪，而且他们通常不会用“我很沮丧”这样的话来表明自己的处境，这使他们在面对抑郁症时处于双重劣势。首先，他们缺乏可以预防抑郁症的经验，即谈论悲伤、恐惧、愤怒和伤害这些“大”感受。其次，他们将自己痛苦的情绪隐藏在愚蠢、好斗、易怒，有时甚至是多动的面具之下。心理治疗师为男孩进行的每一次咨询，都是同时在进行预防和干预。如果男孩在当下（干预）得到疗愈，并且学会了将情绪表达出来，那么对于未来的心理和身体健康问题也会是一种预防。

▶衡量进展

跟踪男孩的情绪发展通常是衡量男孩心理治疗进展的可靠指标，你可以使用梅尔和萨洛维的情绪技能清单（见第1章）。我通常凭借以下检查项目来了解男孩是否在心理治疗方面取得了进展，特别是在情绪发展方面（注意：除非另有说明，以下项目适用于任何年龄的男孩）。

◉ 他是否在心理治疗中和在家中直接表达自己的感受（3岁以下的孩子可能情绪词汇量较少，但只要学过，他们仍然可以通过语言来表达感受）？

◉ 他有可以尽情倾吐心事的朋友吗？

◉ 他对自己有同理心吗（对于4岁以后的孩子，我们更容易通过观察其行为得知）？

◉ 他对他人有同理心吗（对于4岁以后的孩子，我们更容易通过观察其行为得知）？

◉ 他能调节或控制自己的愤怒吗？

◉ 他能调节或控制自己的兴奋吗？

◉ 他是否表现出对他人的呵护？

这份清单虽然并不完整，但如果这些问题的答案大多数是“是”，那么我认为，这个男孩在情绪发展方面取得了重大进展。如果他的父母可以帮助他在家里保持这种进步，那么男孩后续的情绪发展状态一定是积极的。

导师

导师是指通过特定生活经历指导后辈的人。这些生活经历可能是掌握一项与工作相关的技能，或是为人际关系或某个人生阶段做出指引。导师可以是正式的、受过专业培训的成年人，他们会与更年轻和/或经验不足的人定期会面。导师可以自愿提供指导，也可以收取报酬，他们可以是教师、教练、邻居或大学生。基本上，任何人都可以成为男孩的导师。

在20世纪90年代，许多学校、社区心理健康中心和社会服务机构开始向有需要的儿童和青少年，尤其是父亲缺位的男孩，推荐正式的导师。我所居住地区的社区预防部门为男孩提供了一个名为“从男孩到男人”(Boys to Men)的指导计划。全国各地还有许多其他类似的指导计划。

无论你是与男孩共度时光的正式导师，还是非正式导师（邻居、家人朋友等），都可以对男孩的情绪发展产生重大影响。你可能是男性，因为大多数（但不是所有）导师都遵循性别角色分配。假设你是男性，请务必阅读本书的第1章和第2章，并思考“兄弟规则”如何影响你的情绪发展。如果你是一名志愿导师，很有可能你已经打破了至少一部分“兄弟规则”，这对你正在指导的男孩很有帮助。大多数男孩需要亲眼看到，并认识一位挑战这些规则的男性榜样，这能帮助他们摆脱那些规则。

我还建议你阅读有关同理心、愤怒和情绪表达的章节，每一章都聚焦男孩情绪发展的重要方面。你辅导的男孩可能会选择你作为倾诉重要事情（比如感受）的对象。简而言之，你要准备好成为一个好的倾听者，并确认男孩的情绪。我在心理治疗师部分列出的三个步骤也将对你有帮助。

媒体或娱乐行业从业者

我反复思量是否要写这个部分，因为它针对的是企业而不是个人。但是，如果这些企业里的成员能阅读这本书，我认为是值得的，因为媒体无处不在：电视、电影、视频、杂志、报纸等。尤其是在情绪表达方面，媒体专业人士可以对男孩产生非常深远的影响。

媒体专业人士如何帮助男孩的情绪健康发展，主要有以下几个方面：挑战“兄弟规则”，质疑一切狭隘或不健康的，让男孩认为“这才是真男人”的病态的刻板印象。将这些质疑融入你的剧情、歌曲、情景剧、新闻报道和广告中，让男孩的情绪成为你的歌词、故事和角色生活的一部分，这样做并不会伤害谁。另外，在当下文化环境中，这将是一个新颖的营销角度。

致谢

我首先要感谢我的出版商“新先驱”(New Harbinger)能够出版这样一本关于男孩情绪的书。已经有许多出色的书籍讨论过这个重要的主题，感谢“新先驱”相信我可以对此有所贡献，尤其是克丽丝廷·贝克(Kristin Beck)和凯瑟琳·萨克(Catharine Sutker)，他们从一开始就对这本书抱有信心。

我有幸与弗吉尼亚州阿什兰汉诺威县社区服务委员会(CSB)负责儿童和青少年的团队一起工作了十几年。他们对儿童情绪的专业知识和洞察力帮助了成千上万的儿童和家庭，他们的专业咨询和支持对我来说同样重要。这个团队送给我一只风铃作为告别礼物，我将它挂在我的写字台附近。每当有风吹过，我都备受鼓舞。感谢巴巴拉·史密斯(Barbara Smith)、卡伦·赖斯(Karen Rice)、卡罗尔·休斯(Carol Hughes)、露西达·朗(Loucinda Long)、帕特·珀塞尔(Pat Purcell)、简·尤丽娜(Jane Yurina)、艾利森·西布利(Allison Sibley)，以及团队的朋友多特·利文斯顿(Dot Livingston)、米莉·海克纳(Millie Hycner)和戴安娜·斯托里(Diane Story)。汤姆·怀特（Tom White）和斯图尔特·卡拉汉（Stewart Callahan）也是CSB大家庭的成员（现在仍然是），对此我始终非常感激。

在做妈妈、专业工作，以及完成研究生院学习的挑战中，我考虑过放弃博士课程。在那段令人抓狂的时期，这似乎是一个明智的选择。但我最终决定继续学习，这个决定得益于巴巴拉·J. 迈尔斯（Barbara J. Myers）。她是弗吉尼亚联邦大学发展心理学系主任，也是指导我论文写作的杰出导师，她鼓励我按照自己的研究道路，探索性别和情绪表达。有了这些研究，才有了这本书。

我要感谢男孩运动的先驱：迈克尔·古里安、威廉·波拉克、詹姆斯·加巴里诺（James Garbarino）和丹尼尔·金德伦（Daniel Kindlon）。我特别感谢迈克尔·古里安为本书撰写了前言，他对男子气概做了重要论述。同样，我感谢比尔·波拉克（Bill Pollack）阅读了这本书的早期版本，感谢他的支持。

与我的写作小组成员会面非常有意义，他们给了我很多支持，给了我发表论文的勇气（这绝非易事)。因为他们也是作者，所以他们往往能给我激光一般准确直接的反馈。我感谢莱斯特·赖特(Leslie Wright)、明迪·卢塞尔(Mindy Loiselle)和雷尼·卡多内(Renee Cardone)的信任。

我的两个朋友——帕蒂·安特金斯·诺埃尔(Patti Atkins Noel)和金·福布斯·菲舍尔(Kim Forbes Fisher)也是心理治疗师，尽管我与他们相距遥远，但他们仍然给予我支持。他们的支持有时是容许我写给他们的电子邮件极其简短或极少给他们打电话，有时则是告诉我"坚持下去"。他们的支持通常是精神上的，这让过去的一年变得不那么艰难——这就是友谊常为我们做的事。

我的父母埃斯特(Esther)和安东尼·波尔切(Anthony Polce)提供了只有父母才能提供的那种支持。他们相信我，每天都为我祈祷，我深情地感谢他们。

当然，如果没有那些我有幸与其一起参与治疗工作的男孩，这本书是不可能出版的。我为这些男孩鼓掌，因为他们(无论老幼)有勇气打破规则并告诉我他们的感受。在我担任他们的心理治疗师期间，他们的故事一直在我的脑海中回荡，在我写这本书的时候也是如此。

我们对世界上最好的“情绪老师”有何评价呢？我的孩子——瑞秋和摩根，他们是情绪专家。他们对自己情绪的了解如此清晰，令我印象深刻。我要感谢他们为我付出时间，理解我。他们知道写这本书有多么重要，但是当他们需要妈妈时，他们会勇敢地打断我。他们的存在、理解和勇气使这本书成为现实。

我还必须感谢约翰·林奇，临床心理学家、我的生活伴侣和最好的朋友。他经常撑起我的“半边天”，让我能够全心全意创作这本书。他是一个聪明而富有创造力的人，他不仅选择打破“兄弟规则”，而且还教导其他男孩和男人这样做有何价值。我尊重约翰，并感谢他所做的一切。

一本书几乎不可能仅凭一个人的努力就能完成，这本书也不例外。成书的整个过程都得到了“新先驱”工作人员的支持。我很欣赏埃米・舒普（Amy Shoup）在封面和标题方面精辟的见地，以及卡萝尔・霍尼彻奇（Carole Honeychurch）的指导和支持。最后，我必须重点感谢的是我在“新先驱”的编辑凯拉・苏塞尔（Kayla Sussell）。凯拉的编辑经验和文字魔法在最后阶段为这本书提供了可靠的指导，她的睿智和对细节的关注是作者梦寐以求的。我感谢她超高的水平，我相信读者们也会从中受益。

相关资源

American Association of Retired Persons, Grandparent Information Center, 601 E. Street NW, Washington, DC 20049. 202-434-2296. Resources for grandparents raising grandchildren.

Bennet-Goleman, T. 2001. *Emotional Alchemy: How the Mind Can Heal the Heart.* Harmony Books. Provides a Buddhist perspective to help adults understand their own emotions which, in turn, can help boys.

Cain, B. 2000. *Double-Dip Feelings: Stories to Help Children Understand Emotions.* Second Edition. Washington, DC: Magination Press. Helps children identify basic and complex feelings. Can be ordered online: www. Maginationpress.com

Childswork Childsplay: A Guidance Channel Company. 1-800-962-1141. Resource for various games, books, and videos on emotional development and health.

Emswiller, M., and J. Emswiller. 2000. *Guiding Your Child Through Grief.* New York: Bantam. A very useful book for helping children express emotions related to loss.

Gurian, M. 1999. A Fine Young Man: *What Parents, Mentors, and Educators Can Do to Shape Adolescent Boys into Exceptional Men.* New York: Tarcher/Putnam. Parents praise this book and its practical "how to" approach.

Mundy, M. 1998. *Sad Isn't Bad: A Good-Grief Guidebook for Kids Dealing with Loss.* St. Meinrad, IN: Abbey Press. Another good book written to help children express feelings related to loss.

Neville, H., D. Johnson, and J. Cameron. 1997. *Temperament Tools: Working with Your Child's Inborn Traits.* Seattle, WA: Parenting Press. A practical reference guide for parents who don' t want to read an entire textbook about temperament.

Pollack, W. 2000. *Real Boys' Voices.* New York: Random House. This best-selling author has written a second excellent book, filled with what boys have to say about their thoughts and feelings.

Thompson, M. 2000. *Speaking of Boys: Answers to the Most-Asked Questions About Raising Boys.* New York: Ballantine. The co-author of *Raising Cain* wrote this easy-to-read guide.

www.healthemotions.org. This is an excellent database of current brain-emotion-behavior research.

www.nurturingfathers.com. This is a website that is exactly what it states, a resource for fathers who nurture.

参考书目

Ainsworth, M. 1973. The development of infant-mother attachment. In *Review of Child Development Research,* Vol. 3. Edited by B. Cald- well and H. Ricciuti Chicago, IL: University of Chicago Press.

Ainsworth, M., M. Blehar, E. Waters, and S. Wall. 1978. *Patterns of Attachment.* Hillsdale, NJ: Earlbaum.

Ax, A. 1953. The physiological differentiation between fear and anger in humans. *Psychosomatic Medicine* 15:433–442.

Bandura, A., D. Ross, and S. Ross. 1963. Imitation of film-mediated aggressive models. *Journal of Abnormal and Social Psychology* 66: 3–11.

Basow, S. 1992. *Gender: Stereotypes and Roles.* Third Edition. Montery, CA: Brooks/Cole.

Benson, H. 1975. *The Relaxation Response.* New York: Avon. Borkowski, J., and R. Ramey. In press. *Parenting and the Child's World:*

Influences on Academic, Intellectual, and Socioemotional Development.

Hillsdale, New Jersey: Earlbaum.

Bowlby, J. 1969. *Attachment and Loss.* New York: Basic Books. Brothers, L. 1989. A biological perspective on empathy. *American*

Journal of Psychiatry 146:10–19.

Button, A. 1969. *The Authentic Child.* New York: Random House. Carey, W. B. 1999. *Understanding Your Child's Temperament.* New York: IDG Books.

Carlson, N. 1992. *Foundations of Physiological Psychology.* Second Edi- tion. Boston, MA: Allyn and Bacon.

Cicchetti, D., and V. Carlson. 1989. *Child Maltreatment: Theory and Research on the Causes and Consequences of Child Abuse and Neglect.* Cambridge: Cambridge University Press.

Colburn, D. 1996. Suicide rate climbs for older Americans. *Washing- ton Post Health*, Jan. 23, 5.

Coltrane, S. 1998. Theorizing masculinities in contemporary social science. In *Questions of Gender: Perspectives and Paradoxes*, edited by D. L. Anselmi, and A. L. Law. Boston: McGraw-Hill.

Condry, J., and D. Ross. 1985. Sex and aggression: The influence of gender label on the perception of aggression in children. *Child Development* 53:1008–1016.

Courtenay, W. 1998. *Better to Die than to Cry?* A longitudinal and constructionist study of masculinity and the health risk behavior of young American men. Doctoral dissertation, University of California at Berkeley. Dissertation Abstracts International #9902042.

Courtenay, W. 1998. Constructions of masculinity and their influence on men' s well-being: A theory of gender and health. Under review. *Social Science and Medicine.*

Crittendon, P., and M. Ainsworth. 1989. Child maltreatment and attachment theory. In *Child Maltreatment: Theory and Research on the Causes and Consequences of Child Abuse and Neglect*, edited by D. Cicchetti and V. Carlson. New York: Cambridge University Press.

Cummings, L. 1991. Fighting by the rules: Women street-fighting in Chihuahua, Mexico. Paper presented at the annual meeting of the American Anthropological Association. Chicago, Illinois.

Damasio, A. 1994. *Descartes' Error: Emotion, Reason, and the Human Brain.* New York: Grosset/Putnam.

DiCamillo, K. 2001. *The Tiger Rising.* Cambridge, MA: Candlewick Press.

Dinnerstein, D. 1976. *The Mermaid and the Minotaur: Sexual Arrange- ments and Human Malaise.* New York: Harper & Row.

Dodge, K., J. Bates, and G. Pettit. 1990. Mechanisms in the cycle of violence. *Science* 250:1679–1683.

Dodge, K., G. Pettit, and J. Bates. 1994. Effects of physical maltreat- ment on the development of peer relations. *Development and Psychopathology* 6:43–56.

Duck, S. 1991. *Understanding Relationships*. New York: Guilford. Dworetzky, J. 1996. *Introduction to Child Development*. Sixth Edition. St. Paul, MN: West.

Eisenberg, N., and P. Miller. 1987. The relation of empathy to prosocial and related behaviors. *Psychological Bulletin* 101:91–119.

Emswiller, M., and J. Emswiller. 2000. *Guiding Your Child Through Grief.* New York: Bantam.

Frederickson, B. 2001. The role of positive emotions in positive psy- chology: The broaden-and-build theory of positive emotion. *American Psychologist* 56:218–226.

Freedman, B., and W. Knoedelseder. 1999. *In Eddie's Name: One Fam- ily's Triumph Over Tragedy.* New York: Faber and Faber.

George, C., and M. Main. 1979. Social interactions of young abused children: Approach, avoidance, and aggression. *Child Develop- ment* 50:306–318.

Gilbert, S. 2001. *A Field Guide to Boys and Girls: Differences, Similarities: Cutting-Edge Information Every Parent Needs to Know.* New York: HarperCollins.

Goleman, D. 1995. *Emotional Intelligence: Why It May Matter More Than IQ.* New York: Bantam Books.

Greenspan, S. 1993. *Playground Politics: Understanding the Emotional Life of Your School Age Child.* Reading, MA: Addison Wesley Longman.

Greenspan, S., and N. Greenspan. 1985. *First Feelings: Milestones in the Emotional Development of Your Baby and Child.* New York: Viking Press.

Greenspan, S., and J. Salmon. 1996. *The Challenging Child: Understand- ing, Raising and Enjoying the Five "Difficult" Types of Children.* Reading, MA: Addison Wesley Longman.

Gross, J., and R. Levenson. 1993. Emotional suppression: Physiology, self-report, and expressive behavior. *Journal of Personality and Social Psychology* 64: 970–986.

———. 1997. Hiding feelings: The acute effects of inhibiting negative and positive emotion. *Journal of Abnormal Psychology* 106: 95–103.

Gross, J., and R. Munoz. 1995. Emotion regulation and mental health. *Clinical Psychology: Science and Practice* 2:151–164.

Gurian, M. 1996. *The Wonder of Boys: What Parents, Mentors and Edu- cators Can Do to Shape Boys into Exceptional Men.* New York: Tarcher/Putnam.

———. 1999. *The Good Son: Shaping the Moral Development of Our Boys and Men.* New York: Tarcher/ Putnam.

Harris, J. 1998. *The Nurture Assumption.* New York: Free Press. Harter, S., and N. Whitesell. 1989. Developmental changes in chil-dren' s understanding of single, multiple, and blended emotion concepts. In *Children's Understanding of Emotion*, edited by C. Saarni and P. Harris. New York: Cambridge University Press.

Herrenkohl, R., and E. Herrenkohl. 1981. Some antecedents and developmental consequences of child maltreatment. In *Develop- mental Perspectives on Child Maltreatment*, edited by R. Rizley and D. Cicchetti. San Francisco: Jossey-Bass.

Izard, C. 1982. *Measuring Emotions in Infants and Children.* New York: Cambridge University Press.

Kadusan, H. 1998. *Short-Term Play Therapy*. Harrisonburg, VA: Vir- ginia Association of Play

Therapists, Annual Conference.

Kagan, J. 1978. *The Growth of the Child: Reflections on Human Develop- ment*. New York: W. W. Norton.

Kagan, J., J. Reznick, and J. Gibbons. 1989. Inhibited and uninhibited types of children. *Child Development* 60:838–845.

Kagan, J., and N. Snidman. 1991. Temperamental factors in human development. *American Psychologist* 46:856–862.

Katz, L., and J. Gottman. 1995. Vagal tone protects children from marital conflict. *Development and Psychopathology* 7:93–116.

Kilbourne, J. 1999. *Deadly Persuasion: Why Women and Girls Must Fight the Addictive Power of Advertising*. New York: Free Press.

Kilmartin, C. 2000. *The Masculine Self.* Second Edition. New York: McGraw Hill.

Kimmel, M. 1987. *Changing Men: New Directions in Research on Men and Masculinity.* Newbury Park, CA: Sage Publications.

Kindlon, D., and M. Thompson. 2000. *Raising Cain: Protecting the Emotional Life of Boys.* New York: Ballantine Books.

Klimes-Dougan, B., and J. Kistner. 1990. Physically abused pre- schoolers' responses to peers' distress. *Developmental Psychology* 26: 599–602.

Lamb, W. 1998. *I Know This Much Is True.* New York: HarperCollins. LeDoux, J. 1992. Cognitive-emotional interactions in the brain. In *Development of Emotion-Cognition Relations*, edited by C. Izard. Chichester, England: Wiley.

LeDoux, J. 1996. *The Emotional Brain: The Mysterious Underpinnings of Emotional Life.* New York: Simon and Schuster.

Levant, R. 1995. *Masculinity Reconstructed: Changing the Rules of Manhood at Work, in Relationships, and in Family Life.* New York: Plume.

Lynch, J., and C. Kilmartin. 1999. *The Pain Behind the Mask: Over- coming Masculine Depression*. Binghamton, NY: Haworth Press.

Maccoby, E. 1990. Gender and relationships: A developmental approach. *American Psychologist* 45:513–520.

Maccoby, E., and C. Jacklin. 1974. *The Psychology of Sex Differences.* Stanford, CA: Stanford University Press.

Mahler, M., F. Pine, and A. Bergman. 1975. *The Psychological Birth of the Human Infant.* New York: Basic Books.

Main, M., and C. George. 1985. Responses of abused and disadvan- taged toddlers to distress in age mates: A study in a day-care setting. *Developmental Psychology* 21:407–412.

Massachusetts Department of Education. 1996. Executive Summary of the 1995 Youth Risk Behavior Survey Results, accessed August 4, 2001.

Masten, A. 2001. Ordinary magic: Resilience processes in develop- ment. *American Psychologist* 50:227–238.

Masterson, J. 1993. *Emerging Self: A Developmental, Self, and Object Relations Approach to the Treatment of the Closet Narcissistic Disor- der of the Self.* New York: Brunner/Mazel.

Mayer, J., and P. Salovey. 1997. What is emotional intelligence? In *Emotional Development and Emotional Intelligence*, edited by P. Salovey and D. Sluyter. New York: Basic Books.

Mundy, M. 1998. *Sad Isn't Bad: A Good-Grief Guidebook for Kids Dealing with Loss.* St. Meinrad, IN: Abbey Press.

Neiss, R. 1988. Reconceptualizing arousal: Psychobiological states in motor performance. *Psychological Bulletin* 103:345–366.

Neville, H., D. Johnson, and J. Cameron. 1997. *Temperament Tools: Working with Your Child's Inborn Traits.* Seattle, WA: Parenting Press.

Nolen-Hoeksema, S. 1994. An interactive model for the emergence of gender differences in depression in adolescence. *Journal of Research on Adolescence* 4:519–534.

Olweus, D., S. Limber, and S. F. Mihalic. 1999. *Blueprints for Violence Prevention, Book Nine: Bullying Prevention Program.* Boulder, CO: Center for the Study and Prevention of Violence.

Patrick, C., B. Cuthbert, and P. Lang. 1994. Emotion in the criminal psychopath: Fear image processing. *Journal of Abnormal Psychol- ogy* 103:523–534.

Pennebaker, J. 1997. Rev ed. *Opening Up: The Healing Power of Con- fiding in Others.* New York: Morrow.

———. 1995. Emotion, disclosure and health: An overview. In *Emo- tion, Disclosure and Health*, edited by J. Pennebaker. Washington, DC: American Psychological Association.

Pert, C., and D. Chopra. 1997. *Molecules of Emotion: Why You Feel the Way You Feel.* New York: Scribner.

Piaget, J. 1952. *The Origins of Intelligence in Children.* New York: Inter- national University Press, Inc.

Pipher, M. 1994. *Reviving Ophelia: Saving the Selves of Adolescent Girls.* New York: Ballantine.

Polce-Lynch, M. 1996. Gender and self-esteem from late childhood to late adolescence: Predictors and mediators. Doctoral dissertation. Virginia Commonwealth University, Richmond, Virginia.

Polce-Lynch, M., B. J. Myers, C. Kilmartin, R. Forssmann-Falk, and W. Kliewer. 1998. Gender and age patterns in emotional expres- sion, body image, and self-esteem: A qualitative analysis. *Sex Roles* 38:1025–1048.

Polce-Lynch, M., B. J. Myers, W. Kliewer, and C. Kilmartin. 2001. Adolescent gender and self-esteem: Exploring relations to sexual harassment, body image, media influence and emotional expres- sion. *Journal of Youth and Adolescence* 30:225–244.

Pollack, W. 1998. *Real Boys: Rescuing Our Sons from the Myths of Boy- hood.* New York: Holt.

Powers, S., D. Welsh, and V. Wright. 1994. Adolescents' affective experience of family behaviors: The role of subjective under- standing. *Journal of Research on Adolescence* 4:585–600.

Radke-Yarrow, M., and C. Zahn-Waxler. 1984. Roots, motives and patterns in children's prosocial behavior. In *Development and Maintenance of Prosocial Behavior: International Perspectives on Posi- tive Morality*, edited by E. Staub. New York: Plenum.

Real, T. 1997. *I Don't Want to Talk About It: Overcoming the Hidden Legacy of Male Depression.* New York: Scribner.

Real, T. 1999. *Male Depression.* Richmond, VA: Richmond Clinical Society of Social Work. Annual Conference.

Richards, J., and J. Gross. 2000. Emotion regulation: The hidden cost of keeping one's cool. *Journal of Personality and Social Psychology* 79:410–424.

Rieder, C., and D. Cicchetti. 1989. Organizational perspective on cog- nitive control functioning and cognitive-affective balance in mal- treated children. *Developmental Psychology* 25:382-393.

Robinson, J., J. Kagan, J. Reznick, and R. Corley. 1992. The heritability of inhibited and uninhibited behaviors. *Developmental Psychology* 28:1030–1037.

Salovey, P., and D. Sluyter. 1997. *Emotional Development and Emotional Intelligence: Educational Implications.* New York: Basic Books.

Sameroff, A., and M. Chandler. 1975. Reproductive risk and the con- tinuum of caretaking casualty. In *Review of Child Development Research,* Vol. 4. Edited by F. Horowitz. Chicago: University of Chicago Press.

Scarr, S., and K. McCartney. 1983. How people make their own envi- ronment: A theory of genotype—environment effects. *Child Development* 54:424–435.

Seligman, M. 1998. *Learned Optimism: How to Change Your Mind and Your Life.* Pocket Books: New York.

Seligman, M., K. Reivich, L. Jaycox, and J. Gillham. 1996. *The Opti- mistic Child.* New York: Harperperennial Library.

Shaffer, D. 1999. *Developmental Psychology: Childhood and Adolescence.* Fifth Edition. Pacific Grove, CA: Brooks/Cole.

Silverman, J., A. Raj, L. Mucci, and J. Hathaway. 2001. Dating vio- lence against adolescent girls and associated substance abuse, unhealthy weight control, sexual risk behavior, pregnancy, and suicidality. *Journal of the American Medical Association* 286:572–679.

Smolowe, J. 1993. Sex with a scorecard. *Time*, April 5, 41.

Sommers, C. 2000. The war against boys. *The Atlantic Monthly,* May, 59–74.

Sroufe, A. 1978. Attachment and the roots of competence. *Human Nature* 1:50–57.

———. 1983. Individual patterns of adaptation from infancy to pre- school. In *Minnesota Symposium in Child Psychology,* Vol. 16. Edited by M. Perlmutter. Hillsdale, NJ: Erlbaum.

———. 1997. *Emotional Development: The Organization of Emotional Life in the Early Years.* Cambridge, MA: Cambridge University Press.

Stern, M., and K. Karraker. 1989. Sex stereotyping of infants: A review of gender labeling studies. *Sex Roles* 20:501–522.

Taffel, R. 2001. *The Second Family: How Adolescent Power Is Challenging the American Family.* New York: St. Martin' s Press.

Tavris, C. 1989. *Anger: The Misunderstood Emotion.* New York: Simon and Schuster.

Thom, A., G. Sartory, and P. Johren. 2000. Comparison between one- session psychological treatment and benzodiazepine in dental phobia. *Journal of Consulting and Clinical Psychology* 68:378–387.

Thomas, A., S. Chess, and H. Birch. 1970. The origin of personality. *Scientific American* 223:102–109.

Werner, E. 1993. Risk, resilience, and recovery. *Development and Psychopathology* 5:503–514.

Whalen, P., L. Shin, S. McInerney, H. Fischer, C. Wright, and S. Rauch. 2001. A functional MRI study of human amygdala responses to facial expressions of fear versus anger. *Emotion* 1:70–83.

Zahn-Waxler, C., and J. Robinson. 1995. Empathy and guilt: Early origins of feelings of responsibility. In *Self-conscious Emotions: Shame, Guilt, Embarrassment and Pride*, edited by K. Fischer and J. Tangney. New York: Guilford Press.

Zahn-Waxler, C., and K. D. Smith. 1992. The development of prosocial behavior. In *Handbook of Social Development: A Lifespan Perspective*, edited by V. B. Van Hasselt and M. Hersen. New York: Plenum.

Zahn-Waxler, C., P. Cole, J. Welsh, and N. Fox. 1995. Psychophysiological correlates of empathy and prosocial behav- iors in preschool children with behavior problems. *Development and Psychopathology* 7:27–48.

图书在版编目（CIP）数据

男孩的情绪教养 /（美）玛丽・波尔切－林奇著；钟煜译．—上海：上海三联书店，2023.9
ISBN 978-7-5426-8175-1

I. ①男… Ⅱ．①玛… ②钟… Ⅲ．①男性－家庭教育－教育心理学 Ⅳ．① G78

中国国家版本馆 CIP 数据核字 (2023) 第 155165 号

Boy Talk: How You Can Help Your Son Express His Emotions by Mary Polce-Lynch

著作权合同登记　图字：09-2023-0503

男孩的情绪教养

著　　者　［美］玛丽・波尔切－林奇
译　　者　钟　煜
总 策 划　李　娟
策划编辑　张碧英
责任编辑　苗苏以
营销编辑　陶　琳
装帧设计　潘振宇
封面插画　芊　祎
监　　制　姚　军
责任校对　王凌霄
出版发行　上海三联书店
（200030）中国上海市漕溪北路331号A座6楼
邮　　箱　sdxsanlian@sina.com
邮购电话　021-22895540
印　　刷　北京盛通印刷股份有限公司
版　　次　2023年9月第1版
印　　次　2023年9月第1次印刷
开　　本　787mm × 1092mm　1/32
字　　数　179千字
印　　张　11.625
书　　号　ISBN 978-7-5426-8175-1/G・1687
定　　价　68.00元

敬启读者，如发现本书有印装质量问题，请与印刷厂联系15901363985